上海市中小学幼儿教师奖励基金会
上 海 市 校 外 教 育 协 会 编
上 海 市 科 技 艺 术 教 育 中 心

上海市校外课外教育探索成果集

实践与创新（六）

Shanghaishi Xiaowai Kewai
Jiaoyu Tansuo Chengguoji
Shijian Yu Chuangxin

 上海社会科学院出版社

编委会名单

顾 问：李骏修　凌同光
主 编：史国明　卢晓明　陆　晔
编 委（按姓氏笔画为序）：
　　　　马　骊　王　艳　王懋功　田　磊
　　　　朱青春　李建国　宋旭辉　姚要武
　　　　曹晓清　盛　炯

开创校外教育可持续发展新局面

为"实践与创新"题

柳斌

明校内外教育协同关系
研校外教育之理论实践

许前娟
二〇二一年三月

建立校内外联动
教育机制 育生 育人

二〇二〇年四月 王继华

序言

以教科研促教师专业发展，以教科研促教育质量提升

为贯彻落实中共中央国务院《关于全面深化新时代教师队伍建设改革的意见》精神，进一步加强本市校外课外教育师资队伍建设，提升校外课外教师的综合素质，持续推进本市校外课外教育科学研究工作，推动本市校外课外教育事业的健康发展，市校外教育协会和市科技艺术教育中心在市中小学幼儿教师奖励基金会的支持下，每两年举办一届上海市校外课外教育优秀论文评选活动。广大从事校外课外教育的教师，围绕上海教育综合改革，围绕校外课外教育的重点和热点问题，围绕实施综合素质评价、促进学生德智体美劳全面发展的要求，撰写了大量的具有一定理论价值和实践意义的论文，显示了上海校外课外教育的新探索、新实践、新经验和新成果，有效促进了校外课外教师的专业发展，促进了本市校外课外教育质量的提高。

在此，我就校外课外教师专业发展，特别是教科研工作，谈几点想法：

一、校外课外教师应具备先进的教育理念、较强的专业知识和实践能力

过去，校外课外教师特别是校外教育机构教师，给人一种"两重两轻"的感觉，即重实践、轻理论，重技能、轻研究。要改变这一状况，就必须从单一的能工巧匠角色，转变为学生校外课外教育的指导者和研究者，转变为学生校外课外活动的管理者和组织者；而要成为理论研究与实践技能兼具的教师，就必须在校外课外教师中积极倡导"在理论研究状态下工作、在创新实践状态下工作"的氛围。

在校外课外教育领域，如果你没有先进的教育理念来指导学生开展活动，那么

你很难成为一名合格称职的教育工作者。如何才能掌握先进的教育理念？如何才能成为理论研究与实践技能兼具的校外课外教育工作者？如何才能提升每一位从事校外课外教育教师的综合素养？我认为，校外课外教育工作者必须加强学习，刻苦钻研所从事活动项目的专业知识，不断扩充和优化自己的知识与技能结构；同时每位教师都应具备并不断提高自己的教育科研能力，在教育活动中不断创造并推广新的校外课外教育活动的方法和模式，不断策划和研究能引发学生兴趣、提高学生整体素质的校外课外教育活动方案。

当前，在新形势下，校外课外教育尤其是体制内校外教育机构，面临不断出现的新问题和新矛盾，同时也面临诸多的机遇和希望。譬如，过去面向青少年学生的科技艺术等校外活动基本由体制内校外教育机构独家垄断的局面已不复存在，如今不少社会培训机构和社会团体，都以极大的热情策划和组织面向中小学生的科技艺术等校外活动。这对体制内校外教育单位形成了冲击，体制内校外教育机构必须充分认清新形势，积极应对新挑战，全面适应新要求；体制内校外教育机构必须通过转型求得发展，必须对自身的功能重新定位，进一步完善校外教育管理体制，形成校外教育新的运行机制，提升校外活动的教育内涵，整合社会各类教育资源，切实发挥校外教育在促进中小学生身心健康、人格和谐发展过程中不可替代的独特作用。

体制内校外教育机构必须转变为面向全体学生，为每一个学生提供科技、艺术、体育和劳动等具有公益性的高质量教育资源，同时又要兼顾对有特长和拔尖学生的培养，另外还要通过对学校课外活动教师的培训和开展教研活动等途径实施对区域内中小学科技、艺术、体育和劳动等课外活动的指导和服务。而要形成这样一种办学模式，准确地把握这一职能，关键是应努力提升每一位从事校外课外教育教师的综合素养，包括先进的教育理念、较强的专业知识和实践能力。

二、校外课外教师应树立以教育科研促进教育质量提升的意识

从事校外课外教育的教师都应树立以教育科研促进校外课外教育质量提升的意识，不断提升自己的教育科研能力。不少专业素养较高的教师会很自觉地在教育实践中去探索和创造校外课外活动的方法和模式，譬如，上海市科技艺术教育中心的正高级教师葛智伟，在开展"未来工程师大赛"中形成了"创造性任务驱动"的理念和模式，就是在活动中给学生一个预设目标，而要达到目标的路径没有统一标准，完成任务所用的材料也没有统一要求，让学生充分发挥想象力和创造力，让他们自己

寻找最合适的路径和方法,这一理念是比较先进的。传统教育往往强调高度统一、一个标准、一个模式、一种规格,扼杀了学生的想象力和创造力,不利于创新人才的培养。我们要办多样化和个性化的校外课外教育,首先要让学生有所选择,有了选择才会产生多样化和个性化。创新人才不是看一个人有多聪明,而是这个人的想法和别人有多不一样。从某种意义上说,创新教育的本质就是塑造不一样的头脑。葛智伟老师通过教科研所探索出的"创造性任务驱动"模式,对培养学生创新精神发挥了积极的作用。

从事校外课外教育的教师,还应树立以教育科研促进专业发展的意识。教师的专业发展需要平台,这一平台除了师资培训和教学研究外,教育科研也是不可或缺的,教科研是校外课外教师队伍建设的重要抓手。首先,在推进校外课外教育发展过程中,我们应运用先进的教育理念认真研究如何让校外课外活动更能引发学生的兴趣,认真研究如何使校外课外活动在学生的健康成长过程中发挥更有效的作用;其次,校外课外教育的科学研究是以探索教育规律、解决实际问题为目的和导向的创造性活动,每一个校外课外教育工作者,都应孜孜不倦地去探索、去实践。在《上海市校外课外教育探索成果集》中,我们欣喜地看到,不少教师勤于研究、勤于探索、勤于实践,能够运用现代教育的科学理论,来分析和反思校外课外教育的过程。譬如,有的教师运用STEM理念,关注并探索校外课外教育领域各项目间的交叉与融合,培养学生在校外课外活动中跨学科学习、综合运用多种学科知识和技能,并得出融会贯通和综合运用多种知识和技能是培养创新人才重要环节的科研结论。

在新形势下对从事校外课外教育的教师提出了更高要求,要求每一位校外课外教师不仅要做到一专多能,具有丰富的教育经验、专业知识和技能,而且应具备非常高的综合素养,校外课外教师的素质结构应向多元化深层次方向发展,应成为复合型的人才,这样才能成为一名合格的校外课外教育教师。

三、校外课外教师应树立教科研成果的价值在于应用的理念

教科研成果的价值在于应用。科研成果转化不畅、转化率低是长期困扰我们的问题。倘若教科研成果不能或没有转化为应用,那科研成果就是一堆废纸。有些教师参与教科研的目的只是为了评职称,应付着去搞一个课题或写一篇论文,这样对工作是起不到什么促进作用的,这样的课题和论文也是没什么价值的,完成后就束之高阁了。开展校外课外教育科研,应记录教育的现象,记录学生参加校外课外

活动的体验和感受、记录自己策划组织校外课外活动后的反思等等,再把这一切串起来,加以归纳和研究,并用科学理论进行支撑。我们应鼓励教师开展这样的教育科研。

我们应倡导"研以致用"的科研文化,将科研成果转化到具体的工作之中,去指导实践,通过应用来真正体现科研成果的价值。我们应倡导校外课外教师开展这样的教育科研。教师应沉下心来研究校外课外教育的育人规律;研究如何校外课外活动能更加注重学生的差异性,根据学生的兴趣爱好和个性特长安排各自适合的教育活动;研究校外课外教育如何围绕学生综合素质评价,提供更加丰富多元的教育活动资源;研究在上海教育综合改革中,校外课外教育如何在建立良好的教育生态上有所作为。这些课题都值得我们认真思考和深入研究,并将研究成果转化为指导实践的具体方法。

校外课外教育的科学研究,是以探索教育规律、解决校外课外教育中的重点和热点等实际问题为目的的创造性活动,希望每位校外课外教育教师能将"在教学中研究,在研究中教学"作为自己的工作常态,通过教科研来有效促进自身的专业发展;希望每位校外课外教育教师能结合自身的工作实际,积极开展具有科学性、基础性、前瞻性、实效性的研究,以有效促进本市校外课外教育的科学健康发展。

校外课外教育是基础教育的重要组成部分,在"立德树人"、培养德智体美劳全面发展的社会主义建设者和接班人的过程中,发挥着不可替代的重要作用。衷心希望每一位校外课外教育工作者牢固树立以教科研促进专业发展、以教科研促进质量提升的理念,进一步加强本市校外课外教育的内涵发展,努力办人民满意的校外课外教育,办学生喜欢的校外课外活动。

上海市教育委员会副主任

CONTENTS 目 录

新时代打造校外艺术教育品牌的探索与实践 …………………… 王　维（001）
区域青少年创意物化工作坊建设的实践探索 …………………… 姚建兰（005）
混合式学习：融合、适应与平衡 …………………………………… 戴　靖（009）
上海市科技创新优秀学生成长情况调查和研究 ………… 杨　阳　赵际平（013）
科技制作中作品调试的"观—调—试—思—排"策略 …………… 金立忠（017）
一体化构建中学大学社会实践项目背景下，长宁区中学生
　　社会实践现状调研报告 …………………………………… 褚伊玲　何　及（021）
校外教师职业胜任能力建设的研究与思考 ……………………… 汪再慧（025）
新媒体时代校外教育"信息茧房"现象的冷思考与热思考 ……… 朱静宜（029）
浅析上海校园足球师资水平现状及发展对策 …………………… 束家晨（033）
劳动教育在校外教育领域的探索 ………………………………… 徐蓓娜（037）
杨浦区开展校外垃圾分类环境教育的探索与实践 ……………… 胡佳蓉（041）
立德树人视野下校外科技教育现状反思与改进建议 …………… 程　虹（045）
基于"项目式学习"的行走机器人课程开发实践与探索 ………… 姚　青（049）
学生创新意识发展在影视创作课程中的探索 …………………… 李　伟（053）
名师工作室：艺术教师专业成长的新支点 ……………………… 马丽群（057）
激发学习动机教学模式在生物学探究课题中的实践 …………… 邓　芳（061）
"一间房"机器人教学中多维并举的教学模式初探 ……………… 张颉赟（065）
合作共赢：论校外教育与社区教育 ……………………………… 陈　静（069）

户外营地教育提升学生红色文化认同感的实践研究………………	徐秋莉（073）
体育专项化背景下以社团模式开展高中课外体育 　　活动实践探究 ……………………………… 冯尚欣	陶克雄（077）
课外体育区域一体化策略研究 ……………………………………	张君华（081）
阅读开启探索之旅，悦读点亮智慧人生 ……………………………	杨玲玲（085）
回归本来、面向未来 …………………………………………………	牛　菁（089）
运用信息技术推进校外教育"大规模个性化学习"的探索与展望……	王　珏（093）
开启"博物馆之旅"，打造"第二课堂"………………………………	王　荔（097）
基于核心素养的校外教育微课程探究 ……………………………	盛欢欢（101）
关注师德　夯实技能　强化项目指导 ……………………………	千桂凤（105）
KOOV编程机器人校本化教学探索 ………………………………	陈立涛（109）
中小学生研学实践线路设计经验 …………………………………	吕双宇（113）
基于图形化编程开展小学生人工智能教学的探索与思考………	丁力民（117）
林华同声合唱作品的训练价值与实践探索 ………………………	俞利佳（121）
新理念下多元化的校外美术作业设计 ……………………………	金　悦（125）
浅谈校外教育课程品质提升的几种途径 …………………………	王　梓（129）
浅谈校外古诗文教学中的两个转变 ………………………………	胡潇予（132）
校外美术教育中美术馆教学活动的探究与实践 …………………	韩　亿（136）
试论在校外科技活动中融入职业生涯教育的设计 ………………	张　琳（139）
嘉定区幼儿园"小淘气玩科学"活动开展情况的调查与思考………	朱　琳（143）
数独活动促思维，社团活动显素养 …………………………………	于　骏（147）
新形势下校外教育学生民族乐团发展模式研究 …………………	苏　斌（151）
基于Scratch的小学生程序设计教学模式初探 …………………	曹晓靓（155）

新时代打造校外艺术教育品牌的探索与实践

上海市科技艺术教育中心　王　维

艺术教育是美育的重要内容,也是基础教育不可或缺的组成部分。新时代校外艺术教育,要以打造品牌为抓手,切实有效地提升校外艺术教育的普及度和影响力。

一、上海校外艺术教育品牌建设呈良好的发展态势

上海市教育委员会在《上海市学校艺术教育工作"十五"计划(2001—2005年)》中提出,"全市以大型艺术活动与专题单项活动相结合,推进学生艺术实践序列建设""大力发展艺术类兴趣小组,各区县均建立区县级艺术特色团队,全市完成对市级艺术团队的考核调整""市区县艺术教育中心、活动中心、少年宫要树立服务意识、拓展功能,面向全市所有学校、全体学生开展活动,并进行指导",同时明确由上海市科技艺术教育中心统筹、组织、策划全市校外课外艺术教育的相关工作。

经过多年的探索与实践,上海校外艺术教育已形成完善的市、区、校三级工作网络。上海市学生音乐节、舞蹈节、戏剧节、学生书法绘画作品展、学生艺术单项比赛等一大批活动,经过近20年的锤炼,已成为上海最具影响力和权威性的品牌活动;上海市学生艺术团从1992年成立之初的17个分团、926名团员,发展至如今的40个分团(其中有15个是校外艺术团队)、2 100余名团员。

据统计,从2016年至2018年,全市中小学生参与市、区两级艺术教育品牌活动的场次和人次均处于高位态势(表1),活动受到了包括《新民晚报》、东方网、凤凰网、中国发展网、腾讯网以及《青年报》等诸多媒体的关注与报道。

活动类型	数据类型	2016 年	2017 年	2018 年
区级竞赛、活动	场次	804	779	840
	参与人次	461 892	321 915	520 693
市级竞赛、活动	场次	772	681	718
	参与人次	115 197	96 333	106 519

表1 上海市校外艺术教育竞赛、活动数据统计(2016—2018 年)

二、打造上海校外艺术教育品牌的策略

品牌的构成要素有显性与隐性两方面,两者相互影响,其中显性要素是外在元素,隐性要素是内在元素,是品牌的基础与核心。从品牌要素理论的角度来分析,校外艺术教育品牌的显性要素涵盖了活动(团队)名称、呈现形式、成果展示、活动标志、吉祥物等方面;隐性要素包括师资、课程、资源支持、评价体系等方面。校外艺术教育品牌的隐性要素建设显得尤为重要,它是校外艺术教育的基础与核心,也是校外艺术教育的社会影响力所在。

品牌和特色是校外教育赖以生存的基础,校外艺术教育品牌必须树立"人无我有、人有我优、人优我特"的发展理念,不断提升和调整自己的工作目标,在内容和形式上不断创新,精心策划和实施有特色的校外艺术教育品牌项目。近年来,在教育市场日趋开放的大环境下,不少社会培训机构和社会团体都以极大的热情策划和组织面向青少年学生的校外艺术活动,实施校外艺术活动的主体已呈多元态势,打破了长期以来体制内的校外教育机构为主体来实施校外艺术教育活动的局面。教育环境的变化给体制内校外教育机构带来了新挑战,同时也创造了新机遇。体制内校外教育机构只有树立"努力办学生喜欢的校外活动"的理念,精心设计和打造具有时代特征、能引发学生兴趣的品牌项目,才能在教育市场日趋开放、竞争日臻激烈的大环境中,始终占领制高点,引领校外艺术教育的发展。

(一)科研先行,构建科学的课程体系

艺术课程建设是打造校外艺术教育品牌内涵的关键所在。从整体而言,上海校外教育的课程建设还存在碎片化、选择性不足、创新性不强等问题,缺少像学校课程标准那样的规范性要求。2014 年,王荣华教授领衔开展了《青少年校外教育基础

理论与实践创新研究》的课题研究,提出编制校外教育"项目课程标准"的建议,继而在全市范围内进行了"校外艺术科技教育发展现状"大调研,全面了解当前本市中小学生校外各类艺术科技教育活动的供给及需求现状,分析和掌握艺术教育供给侧的结构,为后续艺术科技教育供给侧优化调整做了实证基础与参考。2019年正式开始编制《上海市校外教育项目课程标准》,旨在突破校外教育发展之瓶颈,引导校外教育健康持续发展,提升校外教育课程建设的质量和水平。

(二)名师领衔,加强校外师资队伍建设

师资队伍建设是打造校外艺术教育品牌的支撑和保障。师资队伍的专业水平和能力在一定程度上决定了校外艺术教育的品牌定位,同时依托名师引领下的专业师资团队,品牌才能最大程度地发挥其影响力。《上海市校外艺术教育发展现状调研报告(2018)》数据显示,上海目前共有校外艺术教育中心教研组16个,有600余名艺术教师参加教研活动,基本涵盖了造型艺术、表演艺术及综合类等所有艺术类相关项目。校外艺术教师师资队伍整体呈现出年龄结构合理、整体学历水平较高、艺术专业化程度高的特点。这支队伍中有着一批像胡蕴琪、曹建辉、徐亮亮等校外艺术特级教师这样的名师,他们不仅引领全市校外舞蹈、民乐、声乐等项目的发展,更是由点到面地辐射影响一批优秀的青年专业教师。在他们的带领下,本市的仲盛舞蹈团、民乐二团和春天少年合唱团等学生艺术社团已然成为全国乃至世界学生团队中的优势品牌社团。

(三)整合资源,创新活动的形式与内容

1. 充分挖掘专业院团艺术名师资源。社会艺术专业院团的名师、名家资源在一定程度上提升了校外艺术品牌的专业化程度。由年逾九旬的著名指挥家曹鹏领衔的上海学生交响乐团已蜚声海内外。从2017年起上海通过文教结合的形式,先后成立了喻荣军(戏剧创作)、陈光辉(陶艺)、金炜(表演艺术)、谷好好(昆剧)等多个名师工作室。这些社会艺术专家、名师充分利用其专业和资源优势,积极树立典型标杆,为发现、发掘和孵化本市中小学高端艺术后备人才及提升校外艺术教师的专业素养起到了积极的作用。

2. 充分利用社会艺术专业场馆资源。多年来,上海校外艺术教育始终秉承着"让更多的普通学生走进高端的艺术专业场馆,感受丰富多彩的美育艺术文化"的理念,利用三大学生艺术节(音乐节、舞蹈节、戏剧节)、艺术展演和学生书画作品展等活动契机,与上海交响乐团、上海大剧院、国际舞蹈中心、中华艺术宫等专业剧团、场馆保持着长期的合作,开展美育实践,积极利用社会文化艺术资源为校外艺术活动提供优质服务。

3. 充分运用信息化手段。上海校外艺术教育结合"互联网+"美育的现代化信息手段,不断创新美育教育的内容与形式。从2016年起,上海市科技艺术教育中心联手上海电视台,策划录制了涵盖26个艺术项目的《艺术课堂》专题节目,在艺术人文频道播放。2018年,上海市科技艺术教育中心又启动了校外艺术信息资源库项目建设,目前资源库已收录校内外艺术教育名师专家信息138条、优秀美育微课123项、优秀传统民族文化微课54项。2018年,上海学生交响乐团启动信息化平台建设,目前已实现了国际大师班资料、乐团曲谱等信息的数字化共享。

(四)推进区域联动,加强合作与交流

为进一步提升优势品牌项目和团队建设的辐射面和影响力,上海市科技艺术教育中心积极搭建"长三角"民族乐团展演、"长三角"中小幼师生陶艺创意作品展、中国国际合唱节、国际青少年音乐夏令营等各级各类区域性、国际性的交流展示平台,同时支持、鼓励优秀的青少年团队走出国门,参加各种具有国际知名度和影响力的国际合唱比赛、音乐节、文化周活动,通过和国内外优秀青少年艺术团队的交流、学习、展示和互鉴,有效地提升自身的艺术性、专业性、影响力和竞争力。

上海校外艺术教育品牌建设的现代化进程应具有国际化的视角和战略。上海市科技艺术教育中心连续多年与世界音乐艺术教育协会合作,引进了"柯达伊合唱指挥国际大师班""中加儿童歌舞剧国际大师班""科林格交响管乐国际大师班"等一系列国际大师班培训,不同的教育理念和教育方法,优秀团队的示范讲解,极大地提升了校外艺术教师的专业素养和业务能力。

(五)完善评价,服务于学生发展核心素养的提升

根据《上海市普通高中学生综合素质评价实施办法(试行)》(沪教委基〔2015〕30号)相关要求,本市从2015年起将普通高中学生参加体育、科技、艺术及国防民防的相关数据纳入综合素质评价体系,2020年起覆盖至全部初中学段学生。在市教委公布的纳入综评系统的12项艺术类竞赛、活动的目录中,由上海市科技艺术教育中心领衔的校外艺术教育品牌项目达到9项。活动评价由单一的等第奖项的评定,发展为与学生的综合素质评价相结合,显示了教育行政部门对校外艺术教育品牌的认可,对引导学生积极主动发展、核心素养提升有着积极的作用。

区域青少年创意物化
工作坊建设的实践探索

——以徐汇区"启创+"物化实践工作坊创建为例

上海市徐汇区青少年活动中心　姚建兰

一、区域青少年创意物化工作坊建设的缘由

2017年10月,教育部发布了《中小学综合实践活动课程指导纲要》,指出课程的总目标是"学生能从个体生活、社会生活及与大自然的接触中获得丰富的实践经验……具有价值体认、责任担当、问题解决、创意物化等方面的意识和能力"。其中的"创意物化"是指不同学段的学生,运用一定的操作技能,通过动手实践,解决生活中的实际问题的能力,包含了知识的学习、获取和迁移能力,工具技术的使用能力,将自我的创意设计付诸实践、转化为作品的能力,作品展示交流的能力等四大要素。

如何在综合实践活动中紧密围绕这四大能力进行培养?首先要有一定的硬件设施,其次是围绕硬件设施开展的软件内容的开发,第三是开展课程(活动)的组织保证,最后是提供学生实现创意物化展示交流的渠道和途径。基于此,笔者与团队依托徐汇区青少年活动中心,创建了徐汇区青少年"启创+"创意物化工作坊,进行区域青少年创意物化工作坊建设的实践探索。

二、区域青少年创意物化工作坊建设的原则

（一）搭建具有区域统筹组织能力的平台

创新人才培养是当前教育改革和发展的关键性问题,"为培养创造力而教"已成为许多发达国家学校教育的主题,然而学生创新能力的培养需要为学生创设良好的环境、有效的载体、展示和锻炼的平台。科普场馆、青少年活动中心、科普教育基

地、大专院校等在青少年中积极开展实践活动,已成为这一平台建设的重要途径。但是目前,这些平台还存在着受众面小、活动时间有限、方式方法适切度欠佳、流于形式等客观原因的限制,所以建设一个具有区域组织统筹能力,存在于学生身边,在时间、空间、资源上充分利用且便捷有效的平台,已成为培养学生创新能力的迫切需求。

(二) 搭建追寻实现创意物化"创客"理念实质精髓的平台

"创客"是指基于个人的兴趣和爱好,勇于创新,努力将自己的创意变为现实的人。"创"的含义是:开始做,创造,首创,开创,创立;"客"则是指"人",指具有强烈兴趣和爱好自我认同的人,具有创新思维的人,人与人之间的"人"。青少年作为未成年人,在兴趣、爱好及创新知识、技能技巧、人际交往等方面均需健康、有效引导。要让青少年成为真正的"创客",体验领悟,使其具有真正创客精神,建立一个正规的、专业的、有人力物力资源保障的创意物化空间,是必然的需求。

(三) 搭建具有专业师资队伍及提供师资培训的公益平台

开展青少年综合实践活动,必须要有强有力的师资指导作保证,既有专业技术能力,又有实施教育的能力;以这个师资队伍为核心,对更多的中小学教师进行创新教育技能、技巧培训,以点带面地形成校内外创新教育联合体。校外教育机构的宗旨,是通过组织丰富多彩的科技、艺术等活动,培养学生个性特长,提高学生综合素质。从校外教育机构的优势和定位不难看出,各区的青少年活动中心、少年科学指导站无疑是建立区域青少年创意物化综合实践平台最佳的场所。

三、区域青少年"启创十"物化实践工作坊建设的实践探索

(一) 设计理念

1. 创建理念。以兴趣和爱好为激发点,引导学生发现问题,并在其中运用工作坊的人力物力资源主动学习、探究创意物化,实现"兴趣爱好—知识学习—工具使用—发现问题—运用知识工具创意物化"孵化的过程。

2. 教育方法。以"科学方法论"为依据,采用"通识学习(知识,工具)——专项学习(自主创意物化)"的方法,以培养创新思维为着力点。

3. 拓展空间。以互联网的形式连接区域内的学校创新实验室、科技教育工作

者、青少年创客、创客家庭,以"启创+"为大本营,使物化空间得以无限地增长。汇集更多的人力物力资源,汇集更多的志同道合的创客群体,成为巨大的学习场、创智场。

(二) 建设目的

1. 建立以培养青少年创新精神与实践能力的"创意物化"成长平台;
2. 探索区域内创新人才(小学、初中及高中)培养的教育模式(课程、活动);
3. 建立起区域内创新实验室人力物力资源链接的纽带;
4. 青少年(亲子,教师)创客群体交流,分享的平台,凝聚创意、智慧、思维源泉的平台。

(三) 建设内容

1. 工作坊基础设施建设。工作坊按照功能可分五大区域:

启创区:创意不是无源之水,必须给学生启迪的源泉。工作坊通过创客文化墙的图文介绍,打造创意文化的浓厚氛围;不定期邀请优秀的创意物化学生进行论坛交流,产生思维碰撞;利用周末时间,对区域内学生开设创意物化体验活动;和社会各科技教育资源合作,开办临时展览,开阔学生眼界和思路。

阅览区:阅读区供学生网上查阅资料,学习科学原理知识。设有电脑及书籍,提供资料查阅。

实践区:工具学习使用区。依据中心现有的仪器储备,开设了数控机床区、3D打印区、激光雕刻区。每一区均独立分割,配备仪器、大显示屏、工作台,使每一个设备区成为一个较独立的学习小空间。

设计整合区:此区域类似会议室,配备桌椅和数块随意写、画的黑板,学生可在此思考、讨论自己的创意思路和方案。创意团队、志同道合的创客们均可在此交流、碰撞思维火花。

创意物化展区:展区一,设有一面巨大的"创客榜",将历年来学生优秀的创意作品名称、学校、姓名信息及作品信息二维码刻成奖牌状贴于榜单上,是展示也是荣誉与激励。观众想了解感兴趣的作品详情,用手机扫描二维码即可。展区二,创意物化展区也是学生创意物化的实物展区,每年的区科技节或科普周在多功能区举办学生创意作品展。

2. 实践区技术课程建设。依据目前的工具设备,设立数控机床技术、3D打印技术、激光雕刻机技术三大课程。每一课程包括基础知识及原理、基本操作、零件练习制作、零件创意制作。每一个工具区配备一台大屏电脑,学生随时可在上面查到机器的型号、使用方法、注意事项、可以制作成哪些零件及优秀的创意作品,并可查看每台机器的负责教师、使用情况等。

3. "启创+"创意物化工作坊信息系统建设。《中小学综合实践活动课程指导纲要》要求地方教育行政部门、教研机构和学校开发优质网络资源,遴选相关影视作品等充实资源内容,为课程实施提供资源保障。要充分发挥师生在课程资源开发中的主体性与创造性,及时总结、梳理来自教学一线的典型案例和鲜活经验,动态生成分年级、分专题的综合实践活动课程资源包。各地要探索和建立优质资源的共享与利用机制,打造省、市、县、校多级联动的共建共享平台,为课程实施提供高质量、常态化的资源支撑"。

"启创+"工作坊毕竟只是一方天地,提供的工具、技术支持均有限制,所以通过在场馆内建立信息互联系统,可将场馆变成一个无限扩大的学习平台,包括互联网资源库建设(区域内中小学创新实验室资源,创客线上俱乐部,创意物化作品发布,科技教师俱乐部);互联网快速搜索系统建设;互联网系统平台管理。

"启创+"互联网系统,汇聚了区内校园实验室资源,科技创新课程资源,学生创意物化作品资源,如果学生的创意物化作品需要其他的工具设备、知识技能才能够实现,那么在"启创+"互联系统中,他可以准确查阅到所需要的工具、设备及知识学习,助力他完成自己的创意物化作品。

总之,以"启创+"青少年创意物化工作坊为基地,以"互联网+"系统为延伸,以区青少年活动中心为纽带,将教师、学生、家长汇聚在一起,实现"学生能从个体生活、社会生活及与大自然的接触中获得丰富的实践经验,形成并逐步提升对自然、社会和自我的内在联系的整体认识,具有价值体认、责任担当、问题解决、创意物化等方面的意识和能力"。

混合式学习：融合、适应与平衡
——基于混合式学习的校外教师调研分析

上海市黄浦区青少年科技活动中心　戴　靖

未来的学习空间应当是能充分地支持那些将面对面教学和在线教学结合起来的学习空间，混合式学习将面对面教学与在线教学相结合，利用技术力量推动学习者走向学习的中心，通过线上线下的有机结合灵活地提供结构化和非结构化的学习，已成为世界范围内学校教育发展的重要趋势之一。将混合式学习引入校外教育，有助于将校外教育灵活性、开放性的进一步落地。

校外教师是校外教育教学活动的直接参与者，是校外教育层面课程或项目实施过程的主要变量。本文在问卷调查、分析校外教师对混合式学习的认知、态度、参与现状的基础上，针对当前新技术应用环境下的校外教育师资培养及其实践提出了相应的思考和建议。

调查问卷主要包含基本情况、教学现状反思、对混合式学习的认知、态度和参与情况三个部分。调查对象涉及全市16个区的校外教育机构教师，调查收回答卷382份，其中有效问卷373份，问卷有效率为97.6%。

一、调查结果及分析

（一）被调查者的基本情况

根据被调查者提供的背景信息显示，其中68.4%为女性，31.6%为男性。其职称分布是二级教师占23.9%，一级教师占51.5%，高级教师占21.2%，其中3.2%为新入职或见习期教师。在校外教育岗位上的教龄情况为：0至5年占25.5%，6至10年占17.2%，11至15年占25.2%，16至20年占13.1%，20年以上占19.0%。年龄分布情况：30岁以下占16.6%，31至40岁占38.6%，41至50岁占30.3%，51

至60岁占14.8%。

（二）"校外教师课程教学现状的自我反思"的调查结果

对课堂教学现状，24.9%的教师非常满意，60.9%的教师比较满意，13.4%的教师感觉一般，0.8%的教师不太满意。这反映出当前校外教师对自身的课程教学现状总体持有积极的教学效能感，但仍有少部分教师的教学效能感有待提升。对于不同职称的教师对教学现状的满意度，经卡方检验，χ^2为6.968，p值为0.138，说明不同职称教师间没有显著差异。

课堂教学中的最大难题，位列前四位的选择分别是"课程资源选择(43.7%)""信息技术的应用(22.3%)""课程内容的安排(13.9%)""课程评价(10.7%)"。同时，对于在校外教育岗位上不同教龄的被调查者，经卡方经验，χ^2为32.787，p值为0.036＜0.05，呈现出显著差异；认为最大难点是"课堂组织"的被调查者教龄区间主要为0至5年(40%)，认为最大难点是"课程资源选择"的被调查者教龄区间主要为6至10年(44.5%)，认为最大难点是"信息技术应用"的被调查者教龄区间主要为20年以上(71.4%)。因此，充分挖掘混合式学习的内在意义，对不同教龄区间段的校外教师给予相应的支持。

（三）"对混合式学习的认知、态度和参与"的调查结果

1. 对混合式学习的认知。对于混合式学习的认知，65.1%～85.5%的被调查者非常或比较赞同混合式学习"是一种将面授教学与基于技术媒介的教学相互结合而构成的学习环境""力图结合传统课堂和在线学习的优势，实现有效的学习""将信息技术与课堂教学的深度融合，可促使课程内容动态发展"等。

将赞同程度由非常赞同至完全不赞同五个级别按5至1进行赋分，通过平均分比较发现，排在首位的是混合式学习中"教师更加关注如何培养学生的自学能力"(4.29分)，排在末位的是"能增加生生间的交流合作"(3.90分)。

另有75.6%的被调查者赞同当前的"在线学习质量并不能让人满意，多数混合式学习仍停留在浅层次水平"。可见，大部分校外教师对混合式学习的特点、内涵及其功能意义认同度较高，关注到其对于培养学生自主学习的重要意义，但对于如何在实践中更好地运用之还需加强。

2. 对混合式学习的态度。对混合式学习，78%的被调查者表示总体上感兴趣或非常感兴趣，9.3%表示没有或不太感兴趣。对于目前所开设的课程是否适合应

用混合式学习,34.9%认为比较适合,13.1%认为非常适合,18.7%认为不太或完全不适合。51.4%的被调查者认为自己比较或完全具备开展混合式学习的信息能力水平,10.7%认为不太具备或完全不具备。然而,对于在实践中是否愿意尝试运用混合式学习,70.1%表示比较或非常愿意,6.1%表示否定。这说明大部分校外教师对混合式学习持拥抱态度,愿意或有信心开展相关实践。

3. 对混合式学习的参与。对于教学资源的更新,89.5%的被调查者表示会经常更新教学资源,86.3%会将合适的学习资源通过软件或网盘共享给学生,89.3%利用通信软件与学生建立了群聊空间。被调查者表示,76.4%的学生会通过群聊对教学提出建议或思考。对于网络环境下的教学资源,被调查者使用过的排在前五位的依次为各类视频资源(78.3%)、数字教材(48.5%)、网络课程(45.3%)、专题学习资源(43.2)、辅助学习的工具性资源(40.5%)等。对于网络环境下的教学方式,被调查者使用过的排在前三位的是:微课(60%)、直播录播(33.5%)以及视频直播(31.9%),也有16%的被调查者表示从未使用过网络环境下的教学方式。在开展混合式教学中,被调查者借助过的平台或工具排在前六位的依次是:微信(84.7%)、QQ(28.4%)、网盘(26.3%)、腾讯课堂(21.7%)、钉钉(15.6%)、晓黑板(14.8%)。

由上述数据可得,大部分校外教师对于混合式学习还处于接触或学习阶段,在其课堂中对一些常见的网络资源、技术、软件有稍许尝试,但还没有形成混合式学习下的有效互动,对混合式学习还存在着不同程度的焦虑或求助,如有教师提出"不知如何更好地将在线学习与线下学习结合",期望"加强信息技术培训,成立收集资料的工作小组"等。

二、思考与讨论

(一) 重视经验与技术的融合,建立合作共同体

调查表明,当前校外教师对教育教学现状总体呈现出较好的自我认同感,然而在信息技术的日益发展及学生综合素养培育等现实面前,校外教学仍然存在较大的提升空间。对于混合式学习,有不少教师提出"蛮适合校外教育""个人制作网课工作量较大,若同专业一起研究课程设计,会事半功倍""希望有更多的观摩学习机会,开阔视野"等建议。

混合式学习是正规的教育项目,学生的学习是一种整合式的学习体验,即在线学习和面对面学习两部分要共同构成一个整体性的课程。有经验的教师在课

程设计、技术开发与利用中起着关键作用,这些经验不仅局限于技术的使用,更需熟知学生学习中的具体困难并懂得如何帮助学生克服这些困难。因此,在混合式学习中需建立合作共同体,鼓励一线教师或专家输出课程内容,邀请学习科学专家协助规划,汲取好的教学经验,结合技术人员的辅助,以开发出更适合的学习项目。

(二)倡导需求与支持的适应,提供多方位支持

教师在混合式学习中扮演着重要角色,而混合式学习也对教师的专业能力提出了新的要求,体现在促进学生深度学习、师生有效交互、学习过程管理、学习环境设计等。除了建立合作共同体,校外教师需要更全面的支持,不囿于技术层面,更重要的是理解混合式学习背后的学习理念以及对教师教学设计的支持。

同时,要考虑不同教龄段教师的分层需求。例如,可结合混合式学习的本质和功能特性,对中青年校外教师提供混合式学习背后的学习理念、活动设计、资源提供等支持,以解决其"课堂组织""课程资源"等方面的需求;对教学经验颇丰的校外教师,加大技术方面的培训支持。

(三)寻求灵活与有效的平衡,创新校外学习实践

当前,校外教育领域推动混合式学习正处于有意识的探索阶段,混合式学习中,教与学是相互依存的,教师和学生是交互的主体。校外教师正面临着学与教的新选择,在灵活性与有效性之间寻求平衡。

校外教育现有的学习文化是什么样的?校外教师如何从传统的课堂过渡、转化到适应未来教育所需的角色?师生在利用在线资源、技术的同时如何提升批判性思维?面对上述种种,混合式学习带来的可能性意味着对传统边界的突破,意味着对学习机会认识的扩展,意味着对学生评价反馈的回应。探索运用混合式学习的新模式、新实践,创新现有的校外教育学习文化,或许会为校外教育实践带来一些突破与发展。

上海市科技创新优秀学生成长情况调查和研究

上海市科技艺术教育中心　杨　阳
上海市浦东新区青少年活动中心　赵际平

一、研究目的和方法

上海市青少年科学研究院和各区分院多年来一直致力于青少年科技后备人才发现、跟踪、培养工作。很多经过培养的小研究员已经走入更高学府或已踏上社会开始就业。近年来,我们通过对小研究员的跟踪调查,发现其中大部分都进入国家"双一流"大学。本课题选择这些进入全国不同区域大学学习的学生进行个案研究,了解曾经的科创经历以及研究院的培养对他们的影响。同时对目前上海的学生进行问卷调查,了解目前上海青少年科技创新方面的能力及科技创新优秀学生成长情况。

本研究主要采用案例分析和问卷调查的方法。案例分析:征集区级科技创新项目负责教师指导学生撰写其参与市、区科学研究院活动,完成科技创新项目的成长案例和心得体会,负责教师在对其成长经历予以点评和反思的基础上,对案例进行分析。问卷调查:本次调查问卷面向全市大学、高中、初中进行发放。初高中阶段由各区青少年活动中心、少科站指定本区内一所初中和一所高中的某个指定年级全年级发放问卷。

二、问卷调查结果

(一) 基本情况

1. 区域分布情况。本次共收到来自上海市所有 16 个区共 5 222 份问卷。且各区分布情况较平均,能够反映出上海的普遍情况。

2. 学段分布情况。初中占 54.29%,高中占 40.79%,另有 242 份问卷来自本科或研究生在读的同学,占 4.92%。

(二) 学生开展科技创新项目研究的情况

1. 开展科技创新项目研究的数量。在 5 222 份问卷中,有 3 064 名学生从未开展科技创新项目研究,另有 25% 的同学仅进行过一次科技创新项目研究,15% 左右的学生开展过多项研究。

2. 科技创新项目研究的最大阻碍。"学业繁重,缺少开展创新项目研究的时间""找不到合适的科技创新项目研究课题"是学生们认为完成科技创新项目的最大阻碍。

3. 开展科技创新项目的动力。"想要通过科技创新项目研究丰富自己的学习生活、锻炼能力""找到了一个感兴趣的课题,想要完成它"是两大主要动力,"想要去参加科技创新类竞赛""高中生综合素质评价实施办法中要求进行研究性学习"是相对较主要的动力。

4. 第一次开展科创研究时的年级。研究数据表明,预初和高一、高二时较多学生选择开展科技创新项目研究。

(三) 科创项目研究对个人成长影响

1. 进行科技创新项目后,学生的感受。六成多的学生选择了"对研究某学科领域的相关知识更了解",并有近五成"发现了自己对某学科领域的兴趣"。

2. 开展科创研究的学科分析。通过交叉分析得出,超六成的学生科技创新项目研究时的学科和目前感兴趣的学科是一致的,这点也印证了之前学生们的感受,科技创新项目研究能让学生们"对研究某学科领域的相关知识更了解",并"发现了自己对某学科领域的兴趣"。

3. 开展科技创新项目研究对能力的提升。当问到学生"你认为参加科创活动的经历对你以下哪些能力、方面有提升,提升效果如何:表示没有提升、很大提升"时,该矩阵题平均分:3.77。学生们能明显感觉到科技创新项目研究对自身能力的提升。当类似的问题问到市区两级小研究员时,"你认为在市研究院/区分院培养的经历对你以下哪些能力/方面有提升,提升效果如何:表示没有提升、很大提升",小研究员们在该矩阵题的平均分:3.96,说明小研究员们觉得比起仅仅开展科技创新项目研究,参加研究院的各项活动更能提升能力。

(四) 科创项目研究对升学的影响

从科技创新项目研究数量的多少与中、高考时所选择的升学途径的关联数据研究中可以发现,开展科技项目研究数量的多少与升学途径无明显关系。

三、科技创新优秀学生个案

万世雯,2016年第一批市级小研究员,曾就读于同济一附中,现就读于同济大学。万世雯认为,在研究院学习的过程中,最重要的就是教给了他做课题的思路和方法,这为他之后的学习提供了非常大的帮助。他谈到,在做课题的时候遇到很多困难,青少年科学研究院的王老师在一开始就帮助他明确了课题思路,在老师的逐步引导下,这些困难都迎刃而解。他认为,"在课题研究过程中,一定会遇到许许多多的困难,但是我逐步学会了利用资源,请教老师,自主学习,解决了困难。这成为了我在学习中不断取得成绩的法宝"。

方宝乐,2016年区级小研究员,曾就读于上海市市西中学,现就读于上海交通大学。方宝乐是这样评价自己的科创经历的:"在进行创新课题研究后,我发现了自己对计算机编程的兴趣,确立了今后的学习方向。上海交通大学是上海高校在计算机领域的佼佼者,而考进交大也成了我当时的学习目标。我对计算机的兴趣不仅激发了我在计算机领域学习的动力,也促使我在文化课中更加努力。静安少科院的培训和科创比赛的锻炼使我在面试的过程中能够保持沉着冷静,轻松自如,发挥出自己应有的水平。最后,我凭借2048项目,在交大综合评价中获得高分,如愿进入上海交通大学。"

朱奕骋,2016年第一批市级小研究员,曾就读于上海市育才初级中学,现就读于上海中学东校。朱奕骋认为,研究院给予青少年充分展示的舞台。在这里,使她有机会接触到最前沿的创新知识,更结识一群志同道合的朋友。谈到参加科创活动给自己带来的收获时,她说:"参加科创活动使我能沉下心来学习,做研究,培养了我动手实践的能力,通过各种项目或比赛锻炼了自己,提高了创新思维和动手能力,为我今后的学习打下了基础。"

四、科创研究活动对学生的培养作用

1. 帮助学生发现自己的兴趣,确立今后的学习方向。

通过对这些学生的深入分析,发现他们普遍学习成绩优异、兴趣广泛、特长突出,怀有强烈的求知欲和好奇心。但是限于年龄和认知水平,他们对自己的兴趣和爱好,认识存在一定的局限性。参加科创活动的经历,为他们发现自己的兴趣,展示自己的才华提供了优质的平台,使他们明白自己的兴趣所在,从而明确了今后的学习方向。

2. 帮助学生养成了科学的学习方法,为今后的学习打下良好基础。

课题研究的过程一般为"发现问题——拿出方案——动手实践"。在参加科创活动的过程中,每个学生都能总结出一套自己的学习方法,将这些方法应用到日常学习中,会产生事半功倍的效果,这也为他们文化课的学习提供了有益的参考和借鉴,使得他们可以拿出更多的时间参与科创活动,从而形成一种良性互动。

3. 帮助学生提升了综合素养,为适应各类自主招生提前做好准备。

通过参加科创活动以及各类比赛,潜移默化地提高了学生们的认知水平、思维能力、表达能力和沟通能力。所以,在面对各类学校自主招生面试时,学生们给面试考官留下了自信沉稳、思维清晰、表达流畅、言之有物的良好印象。而这些良好的能力表现,都是通过平时参加研究院活动、科创活动和科技比赛形成的。

五、科创活动对科技创新优秀学生发展的结论

科技创新研究在促进孩子们成长进步方面所发挥的积极作用毋庸置疑。科技创新活动让孩子们明确了自己未来的方向,帮助他们建立了科学的学习方法,锻炼了他们的综合能力,为他们的成长奠定了坚实的基础。有鉴于此,建议科技创新活动应该以人为本,把科技创新活动作为释放孩子想象力,激发他们求知欲的平台,尽可能地为他们的创意与想法提供帮助,助力他们把自己的想法变为现实,使孩子们拥有更多的空间和时间,自主学习、自主探索,去解决自己发现的问题。

对于经过科技创新活动磨炼而成长起来的科技创新优秀学生,不能用统一的考试去评价他们,应从体制上为他们打通在后一阶段继续学习和研究相关领域的通道,而不是采用考试、分数高低的方式确定他们之后的专业领域。

科技制作中作品调试的"观—调—试—思—排"策略

——以机械奥运四足短跑机器人调试为例

上海市崇明区青少年活动中心 金立忠

科技活动中最重要的一环就是作品的调试改进。一件好的科技作品必须经过调试才能达到设计的要求,调试是完成一件优秀作品所必须经历的环节,也是科技活动中重要的教学内容。调试看似简单,但隐含的技术要求却很高,是科学原理的系统应用,是培养学生科学素养重要的一环。

在日常的科技制作活动中,教师往往更重视学生作品设计以及作品制作环节,却忽视作品的调试环节,虽然学生一般都能够根据要求基本完成作品的调试,但总体上对学生科学素养的培养却并不理想。作品的调试过程实际上是学生系统运用科学原理的过程,是培养学生科学思维的过程,是规范学生技术操作方法的过程。

一、科技制作活动中作品调试存在的现象分析

四足短跑机器人"调试"是以机械运动结构原理分析为基础,对初步制作完成的机器人进行检查、测试。"调试"是对四足短跑机器人的设计与制作质量的一次综合性评价,是机械制作中一项非常重要的内容。一些教师常常会停留在表面,没有真正从对学生技术素养培养的高度去重视调试阶段的教学。在作品调试阶段中经常会出现以下几种情况:一是直接进行行走测试,出现问题后教师直接告诉学生调整的方法;二是将四足短跑机器人行走常见的问题和相应的解决方法事先罗列出来,形成标准的答案;三是对机器人的行走测试后,选择几个具有典型问题的四足短跑机器人进行交流;最后以优秀作品的展示作为整个活动的结束。

以上几种"调试"形式,没有从学生科学素养的培养高度出发开展活动。在四

足短跑机器人的"调试"活动中,要从切实培养学生科学素养的要求出发,在实践中总结了"观—调—试—思—排"五字法,并进行有效的整合,取得了良好的效果。

二、作品调试"观—调—试—思—排"的基本内容

(一) 观

"观"是对所完成的四足短跑机器人制作情况的整体检查,是调试的第一步,主要是根据设计要求对四足短跑机器人进行全方位查看。主要查看五个内容:一看控制部分,即看开关安装连接是否正确;二看电源,即看电池盒、电池的安装是否稳固;三看动力部分,即变速箱的安装位置、曲柄连杆的连接是否正确;四看工作部分,即看机器人的四足,四足的长短、轴孔的位置是否一致;五看活动部位的间隙,连杆与曲柄、连杆和四足、四足和支架间的间隙,合适的间隙是机器人行走的前提条件。

(二) 调

"调"是对四足短跑机器人曲柄、连杆等连接部位进行初步调节的过程,确保机器人顺畅地运转,为机器人进入测试环节做好准备。当"观"完成后,需要"调"的内容有三项:一是调节曲柄的长度,使四足短跑机器人的前后脚的步幅合适;二是调节连杆的长度,使四足短跑机器人的四足前后运动角度一致;三是调节连接部位间的间隙大小,通过旋转螺母来调节。合适的间隙是机器人行走的前提条件,太紧就会损耗机器人的动力,影响行走速度,太松会使机器人行走时左右摇晃。

(三) 试

"试"是对调好的四足短跑机器人进行行走测试的过程。根据四足短跑机器人行走效果,可以及时地反馈机械结构设计的合理性和加工制作的精度。根据测试现象,及时地发现并加以调整。测试需要在专用的短跑轨道上进行。测试可以分为三个步骤,第一步是在"调"的基础上先将四足短跑机器人的前足放在轨道上,右手提起后足,使得后足离地,打开开关,观察机器人前足在轨道上的运行情况;第二步是将四足短跑机器人放在轨道上做短距离行走,观察机器人起步情况;第三步是机器人在轨道上做全程行走测试,观察机器人行走姿态、行走效率、速度情况。

(四) 思

"思"是对测试过程中四足短跑机器人行走所展现的不正常现象进行思考,结

合测试现象进行分析、判断,提出解决问题的方案。解决技术问题的意识是科技活动中科学技术思维培养的重要内容,因此,要引导学生仔细观察并记录好短跑机器人在轨道上行走出现的各种异常现象,并且对现象进行分析、总结产生的原因。在"思"这个环节中,学生要注意三点:一是要对作品进行全面的、整体的分析,要养成全面思考、分析问题的思维素养,将可能的因素全部罗列出来。机器人身体左右摇晃的原因可能是:曲柄、脚、连杆的长度不同,重心不在中轴线(偏左或偏右)、运动部位间隙大小不同等。二是"思"的过程是巩固机械结构、机器人运动原理的过程,所以要时时刻刻对照着机械设计原理进行原因分析,这样得出的方案才能有利于问题的解决。三是短跑机器人本身存在很多异常现象,在测试时不会全部展现出来,因此可以采用边测试、边思考、边化解的策略,直至所有的异常现象全部解决。

(五)排

"排"是在"思"的基础上,将各项可能产生异常现象的原因进行验证,寻找到主要的因素,并通过故障排除,使问题得到解决,让短跑机器人能在轨道上正常、稳定、高效地行走。在"排"的过程中,一是要对所分析的可能性因素进行逐一查验,只有当所有列出来的因素都不能排除异常现象时,才考虑修正方向,查找其他因素;二是要遵循由表及里、操作有简到繁的顺序进行。如短跑机器人在行走过程中发生左右晃动现象,首先排查左右脚的长短、左右曲柄的长短是不是一样,其次检查左右连接转动部位之间的间隙大小,最后可以检查机器人的左右重心调节重心来排除,当简单的操作已经消除了异常现象,就不需要进行后面的繁琐检查了。

三、作品调试"观、调、试、思、排"的基本策略

"调试"是科技制作活动中所必须经历的过程,而"观、调、试、思、排"不但是"调试"过程中的所必须经历的五个步骤,更是科技制作活动过程中必须重点突出的五项基本内容。在具体的实践中,还需要注意一定的运用策略。

(一)"观、调、试、思、排"的整合运用

"观、调、试、思、排"在科技制作活动过程中,不是五个简单的、独立的过程,而是一个整体性的、富含科学技术和科学思维的过程。

调试的过程就是在科学技术、科学思维的支配下,通过测试中的观察、分析、判

断,不断地进行调节、修改,直到排除一切故障的过程。在这个过程中,一般都需要反复多次的"观、调、试、思、排",才能达到理想效果。

(二)在"观、调、试、思、排"中提升素养

1. 科学思维的提升。学生在调试过程中,根据观察测试中发生的问题,分析产生问题的因素,寻找解决问题的方法,每一种现象由哪些因素造成、怎样解决等,都是有一定规律可循的,因此必须养成根据科学的原理,进行逻辑推理、分析与判断,而不是无缘由的随意猜测。

2. 科学原理应用的提升。学生在调试过程中必须要依照相关的科学原理进行判断、分析,在解决问题的过程中加深对科学原理的理解与应用。同时,能够根据测试现象的反馈,判断科学原理应用与设计的合理性。

3. 技术规范的提升。机械调试过程中包含了很多技术规范,如调试必须经历的过程,调试中操作的规范性以及整个过程中的具体操作方法等。因此,"观、调、试、思、排"教学中,要让学生明确"观"到底观什么、怎么观;"调"时需要调什么、具体的调节方法和步骤;怎样"试",正确的测试方法是怎样的;怎样根据测试中产生的现象,通过运用相关的科学原理进行系统性地思考、分析等。只有形成正确的调试的科学思维,养成规范性的操作方法,才能更好地学习、理解、运用科学技术。

四、作品调试"观、调、试、思、排"的实践成效

多年来,在科技制作活动中尤其重视机械调试环节,在调试过程中贯彻"观—调—试—思—排"五字策略,学生们在活动中把"五字调试策略"运用到机械奥运的其他机械项目,取得了很好的成绩。自2003年学生参加第一届机械奥运会至今,登上最高领奖台的人次每年都在增加,每年的成绩都位列参赛队之首。

"观、调、试、思、排"是以学生的终身发展为价值取向,以提升学生科学素养为目标,是提升科技活动有效性的五个着力点。"观、调、试、思、排"的整合与实施,能够纠正多数教师片面追求作品本身调试效果,而忽略学生整体科学素养提升的倾向,具有一定的实践操作性和指导性。

一体化构建中学大学社会实践项目背景下，长宁区中学生社会实践现状调研报告

上海市长宁区复旦中学　褚伊玲　何及

一、调查背景与内容

2014年，教育部公布的《关于加强和改进普通高中学生综合素质评价的意见》，将社会实践列入学生综合素质评价内容。之后，诸多相关文件都明确了综合素质评价背景下加强高中生社会实践、志愿服务、公益劳动等方面的要求。2019年8月，上海市教委公布《上海市初中学生社会实践管理工作实施办法》，进一步强调了社会实践对于初中学生的重要意义，也为探索初中与高中社会实践的联动提出了新的要求。

《国家中长期教育改革和发展规划纲要（2010—2020年）》和《2015年上海市教育委员会工作要点》都提出，要构建大中小学有效衔接的德育体系。如今，上海大中小学德育一体化正在稳步推进中。不同学段应当基于一脉相承的培养目标与任务，层层深化对于学生综合素质的培养，加强社会实践这项重要育人活动的整体思考与设计，避免出现简单重复、资源浪费、"断链"等问题。

基于以上背景，开展此次调研，为后续一体化构建中学大学社会实践项目及其运行机制奠定基础。我们根据不同学段学生的特点，课题组分别设计了高中版问卷和初中版问卷。问卷主要从以下三个方面进行设计与调查：第一，了解初中、高中目前开展社会实践的现状以及存在的主要问题；第二，了解中学生对社会实践的认识与感受，进一步分析社会实践的开展成效；第三，了解高中生对于社会实践的实际需求，为后续一体化构建中学大学社会实践项目提供依据。

二、调查结果与分析

参与此次问卷调研的学校包含长宁区 10 所初中和高中,回收有效问卷初中为 2 764 份,高中为 991 份。

(一) 中学生参与社会实践的现状

1. 中学生参与各类社会实践项目情况。结合文献研究与实践探索,本调查将社会实践项目分为四大类:第一类,社会考察类,如考察场馆(博物馆、图书馆、科技艺术体育文化场馆等)、爱国主义教育基地、大学等;第二类,志愿服务(公益劳动)类,如担任社区志愿者、大型赛事志愿者等;第三类,职业体验类,如体验教育、医务、办公室文员、单位挂职锻炼等职业岗位;第四类,综合研究类,如课题研究等。调查显示,学生在中学阶段(初中、高中)主要参与的社会实践是社会考察类和志愿服务(公益劳动)类,而职业体验类的社会实践项目较少。相比于初中,进入高中后,学生参与的社会考察类活动有一定程度的减少,而参与公益劳动(志愿服务)与职业体验则都上升了 10%;参与综合探究的学生比例明显增多,超过 30%。

2. 中学生对社会实践的内容与形式的评价。调查分析表明,无论是初中生还是高中生,认为社会实践的内容与形式丰富、多样的人数占比均超过 3/4,可见如今社会实践的内容与形式能够满足大部分学生的需求。

3. 中学生参与社会实践的收获。调查显示,初中生与高中生都认为,参与社会实践最大的收获是能够提升自身的综合素养。此外,其他的收获主要集中在:拓宽知识面、了解社会实际、培养兴趣、提高交往能力和发展个性等。由此可见,社会实践能够促进学生的全面可持续发展,同时也间接地反映了社会实践提高了学生的综合素养。通过调查发现,现阶段初中与高中学生的最大区别在于,初中生认为参与社会实践的收获是"完成规定学时"的人数仅为 29.31%,而高中生则占了 52.88%,这也是由于对于高中生的社会实践课时要求已于 2015 年推行,而对于初中生的课时要求则是在 2019 年 8 月的《上海市初中学生社会实践管理工作实施办法》中提出。

4. 中学社会实践活动存在的问题。尽管学生对于初中社会实践的认可度总体较高,但是对于社会实践项目的进一步优化仍抱有很大的期待。初中和高中学生共同存在的主要问题包括:活动数量与种类过少、活动发布渠道单一等。而两个学段的区别在于,一是初中最大的问题是场地匮乏,而高中则在这方面有所改善;二是有45.96%的高中生认为现阶段的社会实践多为单一重复的服务性活动,而初中生选择此项的则少了近10%。可见,随着学段和年级逐步升高,高中生不再满足于简单重复的服务性活动,而是更注重自身综合素养的提升。

(二)中学生对社会实践的认可度

从中学生对于社会实践重要性的认可度、对于社会实践的喜欢程度以及对于社会实践的效果的认可度三个方面综合分析,超过3/4的初中生和高中学生都比较认可社会实践的重要性,并且喜欢参与社会实践活动,绝大部分学生都认可社会实践的效果,对于现阶段社会实践的开展情况也较为满意。

(三)中学生对于社会实践的需求

1. 对于社会实践时间安排的需求。调查表明,绝大多数的初中生和高中生都希望每学期参与一至两次社会实践。其中,近1/3的中学生希望每学期开展3次社会实践活动,可见中学生希望有更多参与社会实践的机会。此外,大部分中学生更希望将社会实践安排在空闲时间较多的寒假和暑假,并且时间相对集中。

2. 对于社会实践评价方式的需求。学生对于评价方式的选择较为多样化,也希望能够全面地认识自己,发现自身的价值。虽然60.38%的高中生认可传统的根据完成学时数进行评价,但也都有超过一半的初中生和高中生希望获得基地教师的评价,相比学校教师,基地教师能更加直接地了解学生在社会实践中的情况,并对学生作出更为客观全面的评价。就两个学段相比较,初中生更多地希望通过"同学互评"来评定社会实践的成效。此外,希望通过课题研究报告作为评定自己社会实践成效依据的学生也占有一定的比例。

3. 对于社会实践活动的需求。初中生与高中生希望增加的社会实践项目排名前四的均为:实践体验、动手制作、职业体验和考察参观。其中,初中生选择最多的是"实践体验",选择动手制作和职业体验的学生也超过一半,反映了初中学生希望"动起来"的愿望,而高中生选择最多的是"职业体验"。初中生期望进入高中后参与的社会实践活动,按选择人数排序依次为:实践体验、岗位实习和社会模拟类活动等,而高中生期望进入大学后参与的社会实践活动,按选择人数排序依次为:岗位实习、实践体验和社会模拟类活动等。

4. 对于中学大学一体化社会实践项目的需求。无论是初中生还是高中生,均有超过3/4的学生对于参加中学大学一体化社会实践项目表现出较高的热情。调查发现,就具体的一体化社会实践项目而言,初中生与高中生的需求也较为一致,依次为参观大学或大学博物馆、大型赛事志愿者、主题教育活动和开展课题研究等。

5. 中学生认为一体化构建中学大学社会实践项目的益处。对于问卷中所列出的一体化构建中学大学社会实践项目的益处的选项,中学生们都较为认同。其中,初中生认为一体化构建中学大学社会实践项目最大的益处是能够拓宽眼界,而高中生认为最大的益处是能够增进中学与大学的联系与衔接。

6. 中学生最想参加的社会实践项目。根据初中生和高中生列举的最想参加的一项社会实践项目的调查结果,可以清晰地看出,初中生与高中生的结果较为一致。其中,初中生和高中生对于志愿活动、职业体验、参观考察、博物馆等社会实践活动项目的兴趣较为浓厚。此外,在初中生群体中,学生也希望参加动手实践、参观大学等;而在高中生群体中,参观大学、课题研究、支教等也有提及。

三、调查结论与展望

通过调查结果和数据的深入分析和归纳总结,我们发现初中生与高中生的调查结果差异较小,主要表现为:

1. 中学生对于社会实践的认可度高。学生参与各类社会实践活动的意愿十分强烈,通过参与社会实践,能够促进学生的全面发展,提升学生的综合素养,帮助了解社会实际,培养个人兴趣,拓宽知识面,提高交往能力,发展个性等。

2. 中学生尤其青睐职业体验类社会实践项目。无论是现阶段还是进入大学之后,学生都很期望参与职业体验类社会实践。

3. 中学生逐渐聚焦提升综合素养。随着学段和年级逐步升高,中学生更希望在社会实践中丰富知识、锻炼素质、增长才干,提升自身综合素养。

4. 中学生期待一体化构建中学大学社会实践项目。中学生都渴望能与不同学段的学生一起参与社会实践,认为一体化构建中学大学社会实践项目能够增进中学与大学的联系与衔接,提升学生的实践能力,拓宽眼界,实现资源的最大化利用,促进社会实践项目的系统化发展。

校外教师职业胜任能力建设的研究与思考

中国福利会少年宫　汪再慧

专业是职业胜任的前提,专业意味着规范、精细、复杂。随着时代的发展,教师职业在专业化发展进程中入职门槛越来越高。2015年,教育部出台政策推行教师资格全国统考,发出两个信号:没有足够专业储备的人不能当教师;没有持续专业发展的教师将被淘汰,职业胜任成为教师专业持续发展的基础。

一、校外教师专业发展、职业胜任存在的问题

1. 校外教育的师资以自我发展为主,缺乏足够的支持系统。校外教育的特殊性,要求教师必须是"一专多能"的复合型人才,不仅专业技能过硬,还要有相应的教育教学和组织策划能力。但校外教育师资长期缺乏对口培养,几乎所有的校外教师都不是校外教育的"科班出身",缺乏外部支持系统。

2. 校外教师专业发展路径狭窄,较依赖学校系统的常规做法。实践证明,再优秀的高等院校也培养不出完全合格的教师,对校外教育来说,更是如此。校外教师的专业发展与岗前培训和职后培训息息相关,继续教育是决定校外教师专业发展的关键。目前,校外教师专业发展的路径相对比较狭窄,不仅缺乏一定的职前对口培养,职后的继续教育一定程度上也不能满足实际需求。

3. 校外教师专业发展上的局限,迫切需要提高职业上的胜任能力。校外教师的职业胜任能力是青少年校外教育取得成效的关键。校外教师的专业化成长主要集中在对校外教育的职业胜任上,也就是能够将所学的专业知识与校外教育对象的特点、校外教育的工作目标有机结合起来,对所学的专业知识进行重新梳理、筛选、嫁接、重建,形成适合校外教育的教学大纲、活动策划和教学语汇。

二、校外教师职业胜任能力的影响因素

校外教师的职业胜任首先从属于教师的职业胜任,是教师职业与其他职业群体区别的职业发展特征。对校外教师职业胜任能力影响因素的准确了解,不仅有利于采取科学的实践发展和培训路径,也可以有效地促进校外教师职业胜任能力在专业化发展基础上的探索与提高。

1. 职业精神是影响校外教师职业胜任能力发展的前提。教师的职业精神是指教师作为一个职业从业人员的专业意识、专业思维活动和一般专业心理状态。职业精神是现代教师从事、坚守、奉献教育事业的动力源泉与精神支撑,从根本上制约着教师职业价值的实现与教育目标的完成。从专业角度上讲,教师的职业精神主要包括职业认同、师德和教师使命三个层次。

2. "教育知识"是影响校外教师职业胜任能力发展的基础。教书、育人和教育服务、教师三个层面教育使命的达成,需要以教师的专业知识为基础。对校外教师的职业胜任来说,最重要的专业知识是学科知识与校外教育教学实践活动结合产生的融合知识,也就是"教育知识",即校外教育专业基础知识。

3. 教育教学活动能力是影响校外教师职业胜任能力发展的核心。"活动是校外教育的生命线。"校外教育活动性的特点要求校外教师不仅要具备扎实的专业技能、技巧和创作技法,还要具备"活动策划和组织能力"。校外教师要具备三种能力:一是专业能力;二是组织协调能力;三是社会活动能力。

三、校外教师不同职业胜任阶段的案例分析

1. 校外教师职业胜任之入职阶段:如何将"专业知识"转化为"教育知识"。校外教育的新入职教师,一般都具有扎实的专业基础知识,专业技能技巧上也已经达到校外教师的入职标准,但在实际的校外教育教学活动中,处理各类教育和学生问题时缺乏一定的灵活性,具有刻板地依赖特定的原则、规范和计划,教条主义等特点。对于他们来说,如何尽快将在学校所学的专业知识转化为教育知识,是个人职业成长的第一步。作为校外教育的新人教师,为了能够更快完成职业胜任的适应之路,首先要加强的就是尽快了解所在校外教育机构的组织文化和历史,学习和传承所在校外教育机构的特色教育理念、教育教学经验和管理模式,尝试了解校外教育

活动场景、情境性特点和教育对象的年龄心理特征,在实践中将自己的专业知识尽快转化为教育知识,以实现自己的职业成长。

2. 校外教师职业胜任之发展阶段:如何打破惯有模式实现自我突破。处于校外教师职业胜任之发展阶段的教师,一般都对校外教育教学活动的行为具有明确的目的性,能够区分出教育情境中的重要信息,并能结合自身的教育经验选择出有效的方法或手段达到教育教学活动目标,对自身的教育教学活动行为也表现出足够的责任心,对于成功和失败有自己的判断标准和情绪反应。从上海某团区委少年部长走任少年宫群文部的沈主任,数次组织过区内"十万娃娃兵"的大型活动,走入校外教育机构担任一个群文部的"策划市级活动的排头兵"时依然不能立刻适应。对于沈主任来说,在青少年群文活动的策划和组织上已是"专家",但校外教育的特殊性和校外教育机构自身的隶属关系仍然给她的校外教育职业胜任之路提出新的挑战。她组织策划的活动"历经经济压力的指标,到公益效益的放大,从像蹒跚走路的孩子到青年、壮年的成熟",渗透了她对校外教育活动理念和规律的了解,总结提炼出作为校外群文活动教师自己的职业认知,从而突破惯有的工作模式达到自我职业发展的新阶段。

3. 校外教师职业胜任之高级阶段:如何实现个人发展基础上的团队发展。对于处于校外教育职业胜任之高级阶段的教师(主要为部分高级教师和特级教师)来说,他们的教育教学活动能力基本达到完全自动化的水平,对教育教学活动情境中问题的解决达到了快捷、流畅和灵活的程度,一般情况下,能处理各类常规问题。对于他们来说,校外教育职业胜任中需要做的主要是,如何在实现个人进一步发展的基础上带动团队的发展。"陈××领军人才工作室"的成立,不仅给特级教师陈××个人的职业成长提供了更加便利的平台,更是给她的职业发展以前行的压力,让她在做好个人教育教学活动之余,思考如何在个人工作的基础上以点带面地实现团队的共同发展,而且还利用"舞向未来"这个艺术实验项目拓展了团队服务功能,在给校外舞蹈教师团队建设提供新载体的基础上,带动闵行区校园舞蹈和师资力量的双发展,开辟了校外教育与学校教育合作共赢的新局面。

四、提升校外教师职业胜任能力的可行途径分析

校外教师职业胜任能力建设要落在实践中,主要还是体现在教师的专业发展上。针对当前校外教师队伍建设中面临的困境问题,在研究影响校外教师职业胜任能力因素的基础上,结合不同职业成长阶段校外教师的案例研究与分析,可以从以

下几个方面探索提升校外教师职业胜任能力的可行途径。

1. 针对职初教师"教育知识"相对缺乏的现状,结合教师既有的"专业知识",通过在职培训和教研活动,提升教师对校外教育专业基础知识的学习。如,加强职后培训中校外教育专业基础知识的引领;推动分层分类的针对性职后培训和教研活动;成立职初教师的跨专业"教研沙龙"。

2. 针对职业胜任之发展阶段教师存在的"惯有模式"和"自我突破"问题,加强科研引领,以自我反思为依托,引导教师实现自我突破。如,提倡基于实践活动基础上教师个体的工作反思;在实践——反思基础上开展校外教育科学研究。

3. 针对职业胜任高级阶段教师"自我实现"的需要,通过师徒带教等形式,实现校外教育的可持续发展。如,开展师徒结对的"高级教师带教";成立"名师工作室"发挥以点带面的辐射效应。

五、提高校外教师职业胜任能力的配套性对策建议

高素质专业化的教师队伍是加强校外教师职业胜任能力建设的最终目的。实践中应该完善校外教师的管理和发展机制,激发教师专业发展活力,吸引和留住优秀人才充实校外队伍。

1. 健全校外教育师德建设长效机制。立德树人,加强思想政治教育,应贯穿在校外教师教育培训与发展全过程。创新校外师德教育模式,在实践中逐步引导教师以身作则、以德施教,忠诚和热爱校外教育事业。

2. 逐步建立校外教师专业标准。从宏观角度看,教师专业标准的制定与执行有利于教师行业发展;从微观角度看,有专业标准可对照,教师的专业阶段发展才有章可循,职业胜任能力建设才能有的放矢。

3. 完善校外教师培养和发展体系。加强校外教师教育,优化校外教师教育结构,基本形成以师范院校为主体、高水平综合大学与专业院校参与、优质中小学为实践基地的开放、协同、联动的现代校外教师教育体系。

4. 保障校外教育教师的人才待遇扶持。要保证教师在职业胜任上逐步稳步发展的持久动力,在专业引领、教研培训、团队建设等举措之外,还要改善人才发展的整体环境和工资待遇。在市场经济条件下,薪酬待遇是衡量发展环境优劣的重要标杆。校外教育机构应针对本单位的特点,还可以在规定许可范围设立的校外教师专业发展基金。

新媒体时代校外教育
"信息茧房"现象的冷思考与热思考

上海市静安区少年宫　朱静宜

一、问题提出

2020年年初因防控新冠肺炎疫情需要,国家教育部提出教育部门及学校要做好"停课不停学"相关工作。面向区域青少年,静安区少年宫在新媒体平台上陆续推出"科艺云空间"系列,提供寓教于乐的在线教育资源。随着活动进一步推进与开展,同一系列的活动课程读者相对固定,学生只选择自己有兴趣的课程点击浏览,引起"信息茧房"现象。

少年宫作为校外教育机构,承担青少年教育普及与提高职能。在个性化教育背景下,这种现象究竟是利还是弊?新媒体教学的介入如何与日常教学融合?笔者结合网络传播学进行冷思考与热思考,积极探寻新媒体时代下校外教育信息融合发展之路,不忘教育初心,为青少年提供更有意义的学习和安排。

二、问题研究

信息茧房概念是由哈佛大学法学院教授、时任奥巴马总统的法律顾问凯斯·桑斯坦在其2006年出版的著作《信息乌托邦——众人如何生产知识》中提出的。通过对互联网的考察,在信息传播中,信息越来越局限,就像一根根丝线一样缠绕在一块形成一个茧,把我们困在蚕茧一般的"茧房"中。

校外教育的活动宗旨是为学生提供更有意义的、更丰富多彩的活动内容,活动推出可加深学生活动粘性,提升交互式学习实效并促进区块链构建。而根据我国提出的发展学生核心素养体系,学生应具备适应终身发展和社会需要的必备品格和关键能力,这种信息主动选择权移交所导致的"信息茧房"现象,会导致个人中心化思维被启动,同质化现象被看见,深度学习被淡化,根据经济学中的边际效用递减规律,新媒体教育的生命力将随着时间推移逐渐减弱,值得探讨和反思。

(一)冷思考

1. 个人中心化思维被启动。"信息茧房"现象出现后,个人中心化思维被启动,不利于学生综合素质培养。在新媒体平台上推送教育信息,等于把信息选择权交给了学生,兴趣扮演着更重要的角色,被称为"个人日报",这时候信息的选择出现了封闭性和固定性。为促进学生全面发展,静安区少年宫在微信公众平台上定期推出"科艺云互动",共计四大主题、20个子活动项目。在微信后台一项统计数据为"阅读用户"人数统计显示,阅读者与推送具体内容相对固定,科技动手类、艺术互动类、线上活动类都有其固定的阅读者。从另一种角度说,他们对其他推送的内容并没有动心,"多元文化"培养在线上开展受到挑战。成为一个大写的人需要一撇一捺的完整结构,无论是科技、艺术或其他综合素养的培育都不应仅仅局限于特长生,成长的过程是不断自我完善的过程,因此,个人中心化思维成了学生核心素养的成长与发展的绊脚石。

2. 同质化现象被看见。当人们处于"信息茧房"中,同质化现象容易引起信息焦虑,与设计者本意相违背。在"科艺云空间"中,少年宫的精品项目《科普百校行》共设计12个科技动手制作项目,这些项目都是百校行活动开展近20年来深受同学喜爱的经典项目。然而在活动推出发布以后,阅读量却逐篇减少,网络存在感逐渐降低。同质化现象引起了阅读者的信息焦虑情绪,看到相同的内容,人们不再愿意点进去浏览阅读,这是值得注意与改进的。

3. 深度学习被淡化。每一根蚕丝的粗细大小只有头发的十分之一,在"信息茧房"中学生变"懒"了,深度学习被淡化。在这次疫情风暴中,以网络直播为主要授课方式的学科,商业补习机构逐渐站到C位,引起广泛舆论。而少年宫、青少年活动中心则是利用微信推文、传播普及寓教于乐的内容导向,呈现短、平、快的特点,学生在家里更多地利用碎片化方式进行"懒学习",可以随时摁下结束按钮,影响学习效果,难以实现静心、深度学习。

(二)热思考

1. 加深校外教育学生参与活动粘性。以兴趣为导向的"信息茧房",有效地加深了校外教育学生参与活动粘性,学生关注度直线上升。社会心理学家扎伊翁茨认为,他人在场时,一种社会唤起会形成,以促进优势反应,其结果是增强简单行为,削弱复杂行为。关注公众号的读者形成群体成员,将强化共同态度和平均倾向。以往活动信息总是在区科技辅导员会上宣传动员,再由各校辅导员向家长宣传动员,这样容易造成信息错误。而将活动信息直接发布在微信公众号上,一站式直达至学员处,学员可以全方位了解具体信息,加深学生参与活动的粘性。

2. 提升校外教育交互式学习实效。"信息茧房"将引导学生开展线上集群化学习,有效地提升校外教育交互式学习实效。在生成端端口,教师信息素养要求更高了,规范化的教学语言、语态将被大数据记录,并由人工智能合成计算,推进教育现代化进一步发展。在终端端口,学生会自发组建微信群开展讨论学习,也会主动邀请老师加入进行指导,增强了学习的交互性。教室内的小组讨论迁移到了网络上,信息传播交流变得更加便捷。

3. 促进校外教育活动区块链建构。对于校外教育活动区块链建构而言,"信息茧房"不失为一个契机,它能帮助教师搭建一个更加完整的活动课例框架,从混沌走向秩序。区块链的特性是去中心化,校外教育中各个活动的项目研究及活动设计,都是公开并可以随时查阅的,每篇推文的阅读量和互动情况,也都有详细真实的数据,有助于推动项目间纵向比较总结经验,优化活动效果。

三、结论与对策

综上所述,新媒体的出现所产生的"信息茧房"现象,如一把双刃剑,给校外教育既带来了进阶式的教育发展,也明显存在挑战。对此,新媒体平台上校外教育如何发声,建议如下:

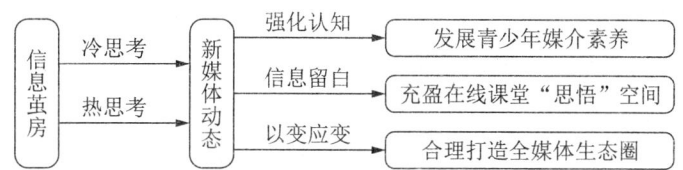

(一)强化认知——发展青少年媒介素养

信息时代下每一位青少年的媒介素养培育与发展具有现实意义。面对新的媒介环境,青少年应该强化信息认知,掌握必要的信息获取、辨别、解读及处理能力。校外教育工作者可以通过开展以培育媒介素养为活动目标的项目式教学实践活动,弥补教育缺失短板,引导青少年从容应对信息爆炸性局面,有所为有所不为,汲取养分浸润成长。

(二)信息留白——充盈在线课堂"思悟"空间

信息留白是教学手段之一,对发挥青少年主观能动性,充盈在线课堂"思悟"空间起着重要作用。香港大学程介明教授指出,留白是艺术,在线教学更应注重留白。信息留白,即教师对教学内容主动筛选重要信息,预留开放性学习空间给予更多遐想、实践、探索的过程。在校外教育中,教师可通过欲擒故纵、个性化展示、自我情感体验等线上操作让学生释放自我,或许能弱化信息茧房带来的负面影响。

(三)以变应变——合理打造全媒体生态圈

变化常规,以变应变。新媒体时代下校外教育,要以全新的姿态,利用期刊、网络等形态,全要素传播媒介内容,打造全媒体生态系统。教育不止眼前的课本,校外教育工作者需要及时进行信息资源整合,横向延伸,将多元教育信息有效结合,纵向拓展教育资源数字化、网络化、智能化发展,使校外教育紧跟时代步伐,拥有更丰富的立体表现。

改变是唯一不变的事情。校外教育工作者需要跨出舒适圈,拓展视野,看到更远的风景,辩证认识新媒体时代下"信息茧房"带来的影响,避免形式主义教育,为未来而教,为未来而学,鼓起开场的勇气,做好迎接挑战的准备。

浅析上海校园足球师资水平现状及发展对策

上海市科技艺术教育中心　束家晨

近年来,我国校园足球师资匮乏和发展不均,已成为校园足球提升和发展过程中亟待突破的瓶颈。本文立足全国发展态势及现状,聚焦上海校园足球师资实际水平,剖析潜在的制约问题,提出相应的对策建议。

一、我国校园足球的发展现状

1. 国家政策指引。以培养足球后备人才和提升学生体质水平为目标,国家体育总局和教育部在2009年6月召开的全国青少年足球工作会议期间发布了《关于开展全国青少年校园足球活动的通知》。2014年8月,教育部联合六部委印发《关于加快发展青少年校园足球的实施意见》,为我国青少年校园足球设立了具体目标。其中,特别强调以多渠道配备师资和多方式培养培训师资的方式加强师资队伍建设。随着《国家青少年校园足球发展规划纲要(2015—2025)》的出台,标志着青少年校园足球已上升到国家战略的高度,成为中小学体育的必修课。

2. 实施效果显著。近年来,青少年校园足球活动在全国范围内如雨后春笋般地兴起,已实现两批次共计13 381所校园足球特色学校的认定工作。同时,各省市响应国家号召,划重点、立专项,因地制宜地构建了全面普及、层层衔接、重点推进、社会参与的具有地方特色的校园足球发展体系。以上海市为例,截至2016年,青少年校园足球开展学校数量比2009年同期增加300余所,约占中小学校的30%,注册学生运动员数量提升9倍。全市同步构建"四横"(小学、初中、高中、大学11个年龄段)、"四纵"(暑期学生足球赛、校际联赛、区际杯赛、国际邀请赛)的立体化比赛体系,通过5 000场比赛(其中市级比赛近2 000场)发挥比赛的层层选拔作用。依托高校,组织校园足球指导员、教练员、裁判员及足球教师的专项培训,累计培训教师2 000余名。

3. 现有师资问题和瓶颈。然而,基层足球教练员的师资发展及培训方式存在不少问题,阻碍了校园足球的快速发展。如教练员专业素养不高、培训时间太短、培训覆盖面少、培训教材不够规范、缺少后续教育等。根据《全国青少年校园足球活动发展规划》计划的要求,到2022年,我国校园足球教练员必须达到8万至10万人,而目前的发展情况距实现上述目标还存在着不小的差距。一线优秀教练员的匮乏已成为制约我国校园足球活动开展的瓶颈,现有的校园足球教练员准入机制和培训体系尚不能满足校园足球的需求。

二、校园足球师资建设的重要意义

校园足球教练员能力结构体系具有多序列、多要素、多层次的特点,是一个动态综合体。校园足球教练的数量和水平对校园足球的开展起着决定性的作用。

1. 竞技水平提升的坚实基础。校园足球教练员立足于校园,通过日常训练和竞技比赛,培养中小学生足球兴趣爱好,传授理论和技能,提升中小学生的体育素养。校园足球教练员的水平高低,直接影响甚至决定着学生的足球运动兴趣、足球训练效率、训练质量以及足球竞技水平等。

2. 体育精神传播的言传身教。伤病、逆境、挫折等均是青少年不可避免的情境,需要校园足球教练员对其悉心沟通和心理治疗。同时,校园足球教练员通过一言一行,向学生诠释友谊与团结、和平与公平、关爱与尊重、公平与拼搏等体育精神,帮助学生形成良好的人生观、价值观和世界观。

3. 思政育人实践的重要途径。竞技运动是和平年代没有硝烟的战争,校园足球运动的开展是爱国主义教育的最好途径。另外,校园足球教练员通过校园足球充分挖掘体育的育人功能,把思想政治教育融会贯穿到足球运动的全过程,将校园足球教学与德育、智育、美育有机融合,促进学生全面发展。

三、上海校园足球师资水平现状及问题

1. 分布现状。截至2016年,全市校园足球教练员共计1 439人,呈现"东北充

裕,西南贫乏"的现象。教育资源完善的行政区具有较好的先天优势,从而快速、全面地开展校园足球活动,有利于校园师资团队建设。《上海统计年鉴(2016)》资源数据显示,浦东、宝山位列校园足球师资数量前列,其各自教育资源全市占有率也位居前三。与之形成对比的是,长宁、金山和黄浦三区的师资受制于现有教育资源情况。崇明的校园足球师资较为特殊,在各级学校数量较少的情况下,配置了全市最多的校园足球教练员,达到全市总数的22.93%。

2. 水平现状。校园足球教练员的运动员技术等级和足球教练员执教证书等级是影响其业务能力水平的重要因素。前者反映该教练员过往运动经历和水平,后者是其足球训练理论和指导能力的体现。浦东新区是上海市校园足球师资条件最好的行政区,具有全市最多的二级运动员以上和D级或以上教练员。虽然崇明区和宝山区的教练员总人数领先,但其二级运动以上人数和D级或以上人数占比较少;闵行区和普陀区的二级运动员以上和D级或以上教练员的比例较高。黄浦区、奉贤区、青浦区和松江区的校园足球师资水平相对落后。

3. 培训现状。我国校园足球师资培训分别由中国足协、教育部和各地方政府组织,是校园足球师资的非学历教育。当前上海市各区的校园足球师资培训方式主要以区级培训(51.4%)和市级(43.2%)培训为主。地区差异性较为明显,部分行政区的培训人次较低与地域因素(如崇明区)有关。全市平均每名校园足球教练参加各级培训约为1.8次。

4. 上海校园足球师资问题剖析。综上,上海校园足球师资面临着地域发展不均衡、整体能力待提高、培训体系待完善等一系列问题。这些问题,从一定程度上制约着上海校园足球水平进一步向高层次发展。首先,开展程度不一,师资数量不均。因地域性教育资源不均衡,校园足球推广和开展的现阶段水平也存在差异性,从而导致了教育和体育主管部门在校园足球师资投入的地域化差异。其次,整体水平待提升,出色能力较少。教练等级D级或以上和二级运动员以上的人数比例分别占全市总数的7.5%和15.4%,反映了上海校园足球发展急需优秀足球教练加入。由此,在扩大校园足球师资人数基数的同时,也应注重提升整体师资水平。再次,培训层次各异,体系有待完善。有关部门虽然制定了校园足球教练员每人年均参训各级培训1次以上的目标,但校园足球教练员因日常工作繁重等诸多限制,传统的线下集训培训尚不能满足校园足球教练员自身业务水平提升的需求。

四、校园足球师资水平提升的对策建议

1. 拓展校园足球教练准入创新机制。探索优秀退役运动员和优秀教练员准入机制,为其提供再就业机会和发展平台,提升校园足球教学水平和竞技水平。同时,试点实行兼职任教带队模式,实行统一标准、统一培训和统一管理,改善校园足球师资供不应求的局面。

2. 健全校园足球师资培训体系建设。在传统各级线下集中培训的基础上,引入并推广"互联网＋培训"的理念,借助政府和市场的力量,引入社会资本投入机制,以移动互联网、云服务等技术为基础,开拓校园足球师资在线培养和培训形式,从而形成"随时培训、终身培养"的校园足球师资培训体系新模式。同时,试点建设青少年校园足球教师(教练员)基地,全面提高年人均培训次数,并从机制上,将校园足球专项师资培训纳入本市教师职后培训范畴。

3. 推进海外优秀青训足球资源融合。我国当前足球运动水平和发展较为落后,与传统足球强国还相去甚远。因此,校园足球师资建设也应打破闭门造车的局面,力求与世界知名足球俱乐部下属青训进行共建,引入海外优秀足球师资、先进的培训理念和课程体系,为本土师资创造海外培训学习机会,从而对上海校园足球师资水平和整体发展,产生以点及面的辐射作用。

劳动教育在校外教育领域的探索

上海市普陀区青少年活动中心　徐蓓娜

劳动教育是指以塑造劳动观念、传递劳动知识、传授劳动技能、端正劳动态度和培养劳动习惯等为主要内容，系统提升受教育者的劳动素质，促进其全面发展的德育活动。劳动教育要高度重视劳动成就幸福人生的个体价值，要通过主观见之于客观的实践活动，让学生获得乐趣，拥有审美价值取向，为学生的终身发展和人生幸福奠基。

劳动教育实践活动真正"活起来""动起来"，做到既"营养丰富"又"美味可口"，就要坚持科学的理念，借助周详的规划与设计来加以推进。力求在三个方面寻求突破：一是要把握劳动教育获得感的生成逻辑，提高育人水平，明确新时代劳动教育的多重属性和价值取向；二是要遵循教育规律，体现时代特征，探寻活动路径，设计有获得感的劳动教育活动；三是构建劳动教育活动的支持系统，区校社联动，多方协同，形成合力，为学生提供个性化学习平台和资源支持，营造"各美其美，美美与共"的劳动教育生态。

一、把握内涵，构筑因势而谋的导向设计

当前劳动教育仍存在着一定的认识误区和薄弱环节。个别学生不会劳动、轻视劳动和缺乏劳动机会等问题，制约以劳树德、以劳增智、以劳强体、以劳育美的育人实效发挥，影响立德树人根本任务的实现。究其原因，主要在于教育活动的主体导向不强，教育者的教育理念缺乏人文性，因循守旧，抱着"旧观念"进行"新改革"。

构筑因势而谋主导性工作设计的核心，是站在历史逻辑、实践逻辑、理论逻辑相结合的高度，剖析劳动教育的生成逻辑，明确新时代劳动教育的价值属性、社会属性、历史属性和审美属性，充分地认识新时代培养社会主义建设者和接班人对加强

劳动教育的新要求,厘清劳动教育实践活动根本任务、遵循路径和关键要求内容边界。家庭要发挥在劳动教育中的基础作用,抓住衣食住行等日常生活中的劳动实践机会,鼓励孩子自觉参与、自己动手、随时随地、坚持不懈地进行劳动,掌握洗衣做饭等必要的家务劳动技能;学校要发挥在劳动教育中的主导作用,开齐开足劳动教育课程,引导学生形成马克思主义劳动观,系统学习掌握必要的劳动技能,激发学生劳动的内在需求和动力;那么校外教育则要发挥在劳动教育中的支持作用,积极协调和引导企业公司、工厂农场等组织履行社会责任,开放实践场所,支持学校组织学生参加力所能及的生产劳动、参与新型服务性劳动,使学生与普通劳动者一起经历劳动过程,鼓励高新企业为学生体验现代科技条件下劳动实践新形态、新方式提供支持。以"劳动创造美好"为主题,克服活动内容"广义说""时事说""主题教育说""专题报告说"等现象,遵循学生的身心特征,实现劳动教育要求、核心内容与学习教育、课堂学习、素养提升和个性发展的对接与匹配。

二、贴近生活,构筑求真务实的活动设计

劳动态度和劳动能力问题是劳动觉悟和劳动情怀中最需要解决的问题,直面当前劳动教育在家庭、学校和社会被弱化、软化和淡化的现象,劳动教育一定要有"道自微而生"的务实作风,通过综合性劳动教育实践活动项目的设计与实施,让学生在真实生活情境中体悟真知,在直面复杂社会现象中学会思辨,实现知、情、意、行有机统一。

(一)五育并举,让教育真实发生

除了劳动教育日常化,校外教育可以通过典型案例和社会调查分析,让学生在直面复杂社会现象中学会思辨。通过开设"劳模课堂",将劳模请进来参与设计和教学,指导学生走出去跟岗实践,树立正确的劳动价值观,逐步形成立体化劳动教育教学、评价、实践体系;在全民抗疫特别时期,可以化痛点为契机,用多种方式引导学生充分利用家居环境和家庭资源,进行劳逸结合的居家劳动实践,对学生提高防疫效能、形成与战"疫"状态相匹配的生活方式、学习方式,实现"居家成长"以至终身发展。

(二)积极变革,实现同频共振

校外教育要突出集体和组织的塑造作用,要通过"道行互通,行知互动,技趣互

促"等形式新、内容红的多维活动,实现校内外大小课堂结合、教育与交流,全学科全领域贯通。普陀区青少年中心位于个性化定制"技""能""艺""创"一体化的真实课堂,借助高校、名企、基地,与教授、企业家、家长等家校社各方志愿者携手组织开展"劳动创造美好,M108职业体验岛"活动。通过"穿越未来""非遗也时尚""未来创造家"等21项职业体验活动,组织学生在不同的新型职业体验过程中,学习不同技能。在灯彩、纸艺、面人、海派瓷刻等非遗文化动手体验的过程中,切身感受中华优秀传统文化的魅力和"工匠精神";通过"未来职业——人工智能(AI)与未来职业规划设计""未来机长——四旋翼无人机的制作与编程飞行""未来工程师"——可穿戴幼儿保护装置设计制作""未来物流——索尼KOOV快递分拣机制作编程"等新型劳动项目,实现教学与学生社会实践活动、志愿服务活动的完美结合,让劳动教育直抵人心。

(三)知行合一,绽放魅力之光

校外教育要彰显价值属性,不仅要培养广大学生成为自理劳动小能手、服务家人小帮手、服务社会小主人,还要基于学生喜好、关系、兴趣和价值自由组合,积极组织学生开展体验之旅。通过学生个体选择体验内容,分工合作,带着问题去实践,在劳动教育中感知生活、热爱生活,激发辛勤劳动、诚实劳动、创造性劳动的内生动力,达到价值体认、责任担当、问题解决、创意物化。

活动前,可以提供前置菜单,引导阅读励志书籍影片;活动中走进360行,传递新时代劳动教育内涵;活动后启发学生聚焦劳动关系、劳动方式、劳动工具、劳动场景等提出一串有深度的问题;根据模板,撰写一份职业体验报告;创作完成与该职业相关的文创产品,设计动画短片、制定企业管理解决方案等,并在网络平台晒出相应的活动成果。实践证明,越具有挑战性和竞争性的参与劳动,越体现个体价值创造和才华展现的活动,可以促进实现从感性到理性、从共情到共鸣、从自在到自为的三个转变。

三、深度融合,构筑以情育人的情境设计

"一个活动就是一个情感世界。"没有情感的思想是乏味的,缺少情怀的教育是无效的。在"劳动创造美好,M108职业体验岛"之"职业大体验"活动中,我们注重学生的角色体验、优势互补,用学生身心投入的情境形成劳动教育价值的共建共享。

（一）创设体验场景，增强劳动教育的感受性

人是环境产物。为了吸引学生，我们联系了金融、科技、文化、艺术、体育、养老等不同领域的品牌企业，一起打造真实职场的文化感、活动情节的仪式感和活动载体的审美度，用氛围传递劳动教育内涵。融媒体中心、星巴克咖啡旗舰店、小i机器人、福寿康养老公司、今日动画工作室、非遗传习基地等，成为青少年学生"百闻不如一见"的劳动体验场所，在润物无声的感触中了解律师、工程师、护理师、烘焙师、非遗传人等360行，感同身受不同领域职业的魅力和职业精神，用自身的悟觉去深化知觉，把瞬时的情绪固化为持续的情感，理解劳动是一切财富和幸福的源泉，懂得人生的出彩靠勤奋劳动来实现。

（二）创设激励情境，增强劳动教育的共生性

今天的青少年是在信息化、智能化时代成长的一代，他们思想活跃、思维敏捷、兴趣广泛，主体参与意识强。他们渴望较多地投入激发活力、展现魅力、体现能力的活动内容，乐于接受新生事物，喜欢在思考、实践和创意中提升认知，用创新性劳动去创造新生活。广大学生有强烈的好奇心，也有制作乃至创造的冲动，自制糕点、饰品、文具，设计动画短片、养老院3D设计图、财商桌游、创意杯品，撰写反映社会主义核心价值观的书法作品、制定企业管理解决方案等。从一定意义上讲，这种好奇心和制作乃至创造的冲动，是他们的参加劳动的重要契机，也是推进劳动教育的重要契机。

（三）创设资源情境，增强劳动教育的实效性

整合社会资源、实践资源、阵地资源，做好形式多样的劳动教育宣传活动，利用官方公众号及时发布主题教育活动的信息，宣传教育成果，开展线上下同步宣传；通过认领任务—职业体验—创意物化三个步骤，技能学习—艺术美化—灵感创作三个阶段，让学生在项目研究中实现自主建构。利用研学App客观真实、简洁有效记录学生学习表现，增加对学生爱国情怀、遵纪守法、创新思维、体质达标、审美能力、劳动实践方面的评价，用数据追踪学生的劳动实践情况；探索"云课堂""虚拟场馆""移动课堂"项目，组织好各类展演、汇报展示、成果交流等活动，及时固化和辐射成果，提高劳动主题教育活动的影响力。

杨浦区开展校外垃圾分类环境教育的探索与实践

上海市杨浦区青少年科技站　胡佳蓉

一、面向青少年开展垃圾分类教育的背景和现况

2018年11月，习近平总书记考察上海时提出，垃圾分类工作就是新时尚。《上海市生活垃圾管理条例》的实施，使得垃圾分类知识的宣传和教育成为社会热点话题，全市各教育单位把垃圾分类知识的宣传普及作为日常工作的内容。但当前垃圾分类环境教育往往着眼于基础的垃圾分类知识宣传，教育内容也比较单一，缺少对垃圾分类生态价值、公众社会责任等方面的说明。

常见的教育形式主要有主题班会、宣传海报、调查活动、知识竞赛等。为发挥学生的主观积极能动性，提高活动的趣味性和互动性，校外教育单位通过策划开展面向不同年龄阶段学生的科普课程和实践活动，以"点、线、面"相结合的方式，为杨浦区中小学生开展校外垃圾分类环境教育进行了探索与实践。

二、开展校外青少年垃圾分类教育的实例

（一）以小学生为"点"设计课程

2018年4月发布的《上海市生活垃圾全程分类体系建设行动计划（2018—2020年）》要求推行垃圾分类知识"进机关、进校园、进课堂"，重点深入开展中小学垃圾分类教育，普及分类知识。由于垃圾分类尚未有成体系的系列课程可直接使用，我们发挥校外教育自身课程设计灵活的特点，以小学生为着眼点，鼓励教师开发相应的环境教育课程。

1. 设计理念。通过基层学校调研发现，区内小学生对垃圾分类大多有初步

的认识,但对于生活中分类处理后的垃圾究竟去了哪里?为什么垃圾分类有利于保护生态环境?日常生活垃圾应该如何分类投放?为何有的塑料能回收利用而有的不能?诸如此类的问题往往一知半解。为了让热衷于环境教育科普实践的小学生能较全面地了解垃圾分类相关知识,理解垃圾分类背后的原因,深刻认识垃圾分类对生态环境保护的重要性,校外生态环境教师经过一学期精心的课程设计,于2019年春季学期为本区参加公益培训的小学生开设了垃圾分类与环境保护的全新课程,以下介绍的"垃圾去哪儿了"是系列课程中的第一课。

(a) 教学对象

两个班级的二—五年级小学生,每班8—12人。

(b) 教学内容

什么是垃圾?介绍垃圾(固体废弃物)的概念和分类,图片解释生活垃圾中的大件、装修和绿化垃圾不属于垃圾四分类的范畴。生活垃圾的处理是全世界面临的问题,上海每日生活垃圾的产量是非常惊人的,垃圾带来的环境问题促使我们应当更好地处理这些生活垃圾。

如何处理生活垃圾?提问引出生活垃圾的三种处理方式,让学生意识到垃圾循环利用是发展方向。学生们通过模拟传统填埋,制作可在2—4周后观察垃圾填埋变化的垃圾盒。

为什么要将垃圾分类后再处理?垃圾分类的五大好处(防止污染空气、减少水体污染、减少土地侵占、提高湿垃圾资源利用、促进资源循环与可持续发展),能让学生理解为什么要提倡垃圾分类后再处理,这与环境保护和资源循环利用是密切相关的。

日常生活垃圾如何分类?介绍日常生活垃圾的四分类法,重点提醒每类垃圾的投放规范和不同场所的分类容器设置要求。

垃圾分类常见问题有哪些?通过解释常见垃圾分类的问题,让学生更好地掌握垃圾分类的相关知识并能在日常生活中得到运用。

2. 教学效果。学生们在课堂中学习了垃圾分类的原因、垃圾是如何处理的以及垃圾分类后再处理的优点等,动手制作垃圾的变化这一模拟传统填埋的垃圾盒,并可在后续的2—4周内通过观察垃圾的直观变化,进一步理解课程的内容。激发了学生对垃圾分类环境教育课程的兴趣,也为之后每周一次的课程(共9次)打下基础。

（二）以社团联盟体学生为"线"开展游戏活动

游戏是学生喜闻乐见的活动方式。为提高杨浦区中小学生参与垃圾分类活动的积极性，我们以社团联盟体学生为参与主线，设计了"垃圾分类　我行动"游戏活动，旨在鼓励学生在游戏互动中学会正确垃圾分类的知识。

1. 活动介绍。根据日常生活垃圾的四分类法，将写有常见生活垃圾的海洋球投放到相应类型的垃圾桶内，每场有4个社团各派1名代表同场竞技，不得相互干扰或帮忙。

2. 活动对象。杨浦区学生科技社团联盟体学生（以小学生、初中生为主）。

3. 活动效果。作为2019年杨浦区学生科技社团联盟体"挑战九项"科创游戏汇活动之一，"垃圾分类　我行动"游戏融合知识性、趣味性、竞技性、展示性为一体，让学生们在游戏过程中玩有所获。参与游戏活动的各社团彰显出了自己的实力，拼出了自己的智慧。垃圾分类知识的学习不是枯燥乏味的，它也能带给我们欢乐。该项目也成为当天活动的人气项目之一。

（三）以中学生为"面"推广创意设计评选

为体现中学生在真实生活情境中解决综合问题的能力，提升垃圾分类的成效，鼓励中学生发挥想象力和创造力，为垃圾分类的宣传和推广提供自己的智慧，策划设计了以"垃圾分类争创意　城市生活添智慧"为主题的面向杨浦区中学生的垃圾分类创意设计评选活动。

1. 作品内容。创意设计作品要充分融入"与众不同的设计理念——创意"，围绕垃圾分类的主题进行设计，设计过程要能解决垃圾分类中遇到的实际问题。如：垃圾分类收集工具的设计；垃圾箱技术含量的提高；垃圾箱的颜色和外观设计；垃圾废物再利用等。作品分为垃圾分类创意画、垃圾分类创意设计模型、垃圾分类创意设计图三大类。

2. 参与对象。杨浦区在校初中生、高中生。

3. 项目成效。该活动通过学校选拔推荐和区级评审后，选出的优秀作品纳入垃圾分类教育成果展示，面向全区进行宣传推广。为鼓励更多学生参与到垃圾分类活动中，拓展活动的影响力和普及面，我们还继续面向全区小学生开展了垃圾分类创意画的征集，选出的优秀作品将和中学生的优秀创意画一同在分中心画廊进行公开展示、交流。

三、校外开展垃圾分类环境教育的思考

(一) 注重生态环境的系统性教育

生态环境教育是系统性的,不仅要让学生学习环境知识,更要培养学生的生态环境情感,宣传环境法律意识,树立生态环境责任。垃圾分类是生态环境教育的重要组成部分,校外教育让教师在教学设计上有了更灵活的空间。在课程设计中,应考虑将垃圾分类知识的教育在兼顾宣传和教育广度的同时,更多地注重教育内容的深度,推动生态环境教育系统性发展。

(二) 跨学科设计垃圾分类活动

Flash动画是垃圾分类游戏常见的形式,实践证明将游戏与体育活动相结合,设计中小学生易接受、易学习的科普游戏,也能提高学生们参与垃圾分类活动的积极性。近几年,我们面向全区中小师生开展了多项垃圾分类游戏活动,并征集了一些游戏金点子。今后,可尝试将校内外成功实践的垃圾分类游戏应用于中小学生垃圾分类游戏专场体验日活动中,也可将垃圾分类与其他学科相融合,进行更多探索与实践。

(三) 分年龄分层次开展垃圾分类活动

在策划垃圾分类活动时,考虑中小学生不同特点,适当分年龄分层次设计活动是必要的。垃圾分类创意设计活动面向中学生开展时,初中生参与度较高。为今后能吸引更多高中生参与活动,总结经验并反思得出:一、要充分考虑高中生的兴趣和特点;二、可通过指导设立更多高中环保社团,鼓励感兴趣的学生参与进来;三、发挥高中生的主观能动性,引导学生结合时事热点,参与相关课题探究。

立德树人视野下校外科技
教育现状反思与改进建议

上海市科技艺术教育中心　程　虹

科技教育包含科学教育和技术教育两大块,与传统的学科知识教育注重理论体系的建立和拓展不同,科技教育更侧重于对知识的实际运用与经验积累。

校外科技活动是科技教育的重要组成部分。当前校外科技教育存在着功利化、短视化、跟风化等问题,这都对科技教育的育人模式提出了严峻的挑战,需要在立德树人视野下审视并优化科技教育发展模式,探索在校外科技教育中立德树人的有效路径。

一、校外科技教育的立德树人功能

（一）帮助学生树立正确的世界观和人生观

在科学探究的过程中,让学生感受自然规律的客观性和不可改变性,对于帮助学生形成辩证唯物主义世界观有着重要意义。校外科技教育无疑是自然科学知识传播的重要载体,有利于学生在青少年时代形成无神论思想。近年来兴起的STEAM教育、创客教育等科技活动形式,能够帮助学生在动手实践过程中,认识到人的生命活动历程是认识和改造客观世界的过程。优秀的校外科技教育活动,应该通过帮助学生树立正确的世界观和人生观,发挥立德树人的作用。

（二）增强学生的社会责任感

校外科技教育以日常生活中看得见、摸得着的科研成果与产品为主要活动对象,让学生通过沉浸式体验,充分感受现代科技的发展对日常生活的影响。这种"身边的教育"不同于"课本上的知识",强调让学生在真实情境中充分获得信息,从而提高学生运用科学知识解决现实问题的能力。

当前科学技术高速发展,对于科学技术掌握者的社会责任感提出了更高的要求。校外科技教育无固定教材的优势,使得校外科技教师能够及时结合社会热点问题进行分析探讨,引导学生明辨是非,合理利用科学技术,进而帮助更多人免于"技术灾难",提升学生的社会责任感。

(三)激发学生探究热情和对科研的崇尚

校外科技教育活动能够激发学生探求真理的热情,通过基于问题式学习,将学生的好奇心和求知欲转化成学习科学技术、创新科学理念的钥匙。在校外科技教育的开展过程中,学生能够感受科学家对真理的热爱和寻求真理的艰苦过程,从而对科学研究过程产生崇敬感。

当前社会对于成功的定义多偏向物质,精神层面上的富足越来越为人所忽略,这使得科学家的成功在青少年中的影响力越来越小。只有让更多学生通过科技活动将对未知科学知识的探究热情转化为对科研的热情,让更多的学生在未来加入科学研究队伍中去,才能推动我国科研事业不断地向前发展。

二、校外科技教育在立德树人中存在的不足

校外科技教育在立德树人方面虽然有着不可多得的作用,但在对校外科技活动开展的调查及对科技教师进行访谈时发现,由于校外科技教师的理念及能力、整体评价体系等原因,科技教育仍存在着重技能、重实践、轻思想、轻理论等现象。

(一)重技能传授,轻思想建设

长期以来,青少年科技教育都较为注重知识和技能传授,在活动内容设计上强调活动效果,忽视思想建设。在访谈中,以区青少年活动中心、区少科站为代表的校外教育单位的科技教师大多认为,自己所对接的中小学校都有专门负责学生的思想建设工作的思政课和德育处,立德树人不应该由校外机构承担。校外科技教师还认为,校外教育单位的学生流动性太大,很难开展系统育人建设,科技教育不应过于强调育人功效。

这种轻忽也体现在理论研究上,在知网上以"科技教育""科技活动"与"德育""立德树人""思想建设"等内容进行组合搜索,能够查找到的文献不过区区十数篇。以"生物环境""DI""船模""机器人"等具体项目与立德树人主题结合进行搜索,能够

查阅的文献数更在个位数,部分校外科技活动项目甚至无法搜索到任何相关文献。

(二)重活动实践,轻理论升华

科技活动本身即具有育人功能,以近期大热的垃圾分类科技活动为例,市、区、校各级科技教师,组织开展了大量垃圾分类主题活动。通过垃圾分类小知识学习、垃圾分类微信小程序制作、垃圾分类问卷小课题调查、垃圾分类小发明创作、垃圾分类小实验探究等一系列科技教育活动,学生了解了垃圾分类的知识、市民的看法和需求,进而用编程帮助公众更好地完成分类,用小发明创作让垃圾分类更轻松,通过小实验更直观了解垃圾分类的益处,在这个过程中学生的创新精神、社会责任感、生态文明和可持续发展意识都能得到很大的提高。

科技教师在活动的开展实施中,注重的是活动本身能否顺利进行、现场是否热烈,教师忙于在活动结束后申报优秀实践活动,学生忙于总结研究成果参加科技竞赛。很少有科技教师能够跟学生一起坐下来,谈谈这些活动对社会的意义所在,聊聊还有哪些社会热点问题可以采取类似的做法。在某一垃圾分类主题活动现场,活动设计了一个环节,让学生谈谈对最近很火的瑞典"气候少女"的看法。科技教师在学生自由发言后,将讨论的重心引入到亲身实践上来。通过"气候少女"简单的罢课喊口号,乘飞机去演讲,与"参加活动的学生"科学垃圾分类,配合资源可回收利用进行对比,使学生的思想认识水平有明显的提升。

(三)重竞赛反馈,轻育人评价

与校内教学注重成绩评价类似,科技教育活动也较为注重竞赛反馈。许多科技教育活动在科普环节结束后,都设计了知识、技能竞赛的环节。这使得科技教师多以竞赛的成绩作为活动开展情况的参考。部分学校自主招生以竞赛成绩为参考对象,个别家长代为完成创新作品、剽窃论文、修改实验数据等学术不端行为屡见不鲜,背离了科技教育的初心。功利心也影响科技教育的推行,部分有良好育人功效的活动,由于没有竞赛奖励,反而很难得以持续开展实施。

三、优化校外科技教育立德树人功能

增强校外教育的立德树人功能,不仅需要校外科技教师充分挖掘科技教育活动中的育人内涵,更需要校外教育主管部门发挥相应的政策引领作用。

(一) 结合校外科技活动特征挖掘育人价值

科技教育所依托的科技活动本身,存在着客观性、真实性、实践性和准确性等多种特征。在开展科技活动的过程中,可以结合这些特征挖掘育人价值。

创新大赛、明日科技之星、少科院小研究员等综合性科技活动,可以着眼于培养学生运用跨学科知识解决现实生活问题的能力,增强学生理性思维能力。教师应该引导学生将科技制作、社会调查、探究实验等活动与社会时事热点、社会需求、党和国家的要求结合起来。生物环境、模型、计算机、DI创新思维、电子、机器人等单项科技活动,则应充分发挥自身的学科特征与时事热点开展育人活动。只要将学科特征与实践运用结合起来,就能从真实场景中捕捉到德育教育的契机,挖掘育人价值。

(二) 结合学生的个性特征进行育人教育

校外科技教育面向的学生的年龄、知识水平、性格差异都要大于常规课堂教育,科技教师应该在了解学生个性特征的基础上,个性化地进行育人教育。许多科技活动有着较强的竞争性,面对挑战,部分学生出现畏难情绪,退缩不前;部分学生出现不正当竞争心理,嫉妒甚至弄虚作假;在有些需要团队比赛的活动中,部分学生出现个人主义等,这些都可以作为思想教育的有利契机。

此外,科技教育中,不同的学生对同一项目的兴趣点、动手能力、创造力也存在差异,这可以成为教师个性化育人的切入点。例如,用兴趣浓厚、学习内驱力强的学生带动兴趣较低、动手能力较薄弱的学生完成科技活动,能够在培养前者领导力、团队协调能力的同时,培养后者迎难而上、坚韧不拔的意志。教师只要在科技教育中以学生为主体,就能找到立德树人的生长点和着力点,挖掘出育人的新内涵。

(三) 完善立德树人思想对校外科技教育的引导

增强科技教育的育人理念,除了在科技教师思想层面作出改变外,更应在政策管理层面上给予积极的引领。管理部门应该丰富科技教育的评价体系,改变以比赛成绩论英雄的单一评价模式,在评价中引入育人指标,从学生成长过程性评价等角度对科技活动的效能进行评价。同时,在教师培训中增加相应的培训,结合典型案例来指导教师更好地在科技教育中贯彻育人精神。通过政策与培训双管齐下,应该能够逐渐转变校外教师对科技育人作用的看法,将科技教育对社会的贡献发挥到最大值。

基于"项目式学习"的行走机器人课程开发实践与探索

上海市嘉定区青少年活动中心 姚 青

近年来,伴随着课程改革的不断深入,关于学生核心素养培养的实践探索的讨论越发深入。同时,"项目式学习"作为一种逐渐兴起的新的有效促进学生学习效率的教学形态,也越来越为我们所关注。所谓"项目式学习"(Project Based Learning,简称PBL)是一种以学生为中心设计执行项目的教学和学习方法,从而提高学生的学习效果。

仿生创意机器人校外活动课程是培养学生综合素质能力有效的载体。目前,我们常见的机器人课程绝大部分都采取的是传统的机器人教学方法,即教师传授知识点,学生动手去做,完成一个机器人,其优势是较快培养学生的动手能力,达成技术教育的培养目标。但是学生按葫芦画瓢制作了机器人,对于知识原理的掌握犹如囫囵吞枣,没有自身的理解,知识体系形成变得较为肤浅,所以在要求学生对机器人做进一步再创作时,往往束手无策。

我从事校外科技教育已达十余年,主要负责区域中小学仿生创意机器人的课程开发与教学活动。在教学实践中,我运用了项目式学习方法来设计行走机器人这一短课程,让学生自己去发现问题,解决问题。传统教学关注知识的传授和接受,而项目式学习注重过程学习,关注的是方法的探究学习。

一、"项目式学习"的行走机器人课程特点与优势

我主要通过三个活动来实现整个行走机器人的课程设计,三个活动定位于三个教学功能目标,单独成立,依次递进。目标从仿生制作上升到创新设计,采用了三段式结构推进。活动A的意义在于使学生掌握必要的实践技能,快速得到一个机

器人原型,建立一个真实的问题情景。活动 B 是项目学习的主体部分,如何使学生发现问题,并运用设计思维去提出改善的方案。活动 C 则要体现出学生在建构知识之后的自我创新。三个活动实现了项目式学习的两个目标,即基本目标和高级目标。其中基本目标是培养学生对于仿生机器人的一般认知能力,高级目标是提升学生对于仿生机器人的学习理解、实践应用以及迁移创新能力。

二、行走机器人课程的开发与设计

课程开发要服务于教学活动,课程开发的思路与教学活动所需达成的教学目标可谓唇齿相依。行走机器人课程教学活动的最终目标是,通过活动有效提升学生的综合能力与品质,从人文底蕴、科学精神、学会学习、责任担当、实践创新等方面来促进学生个体的发展。为此,课程设计结合项目式学习的特点坚持兴趣优先、活动主导、资源为本的原则,开展与完善课程的研究、设计、实施。下面我就行走的机器人课程开发的思路与实践进行具体阐述。

(一) 仿生机器人课程活动内容与目标

课程分为 A、B、C 三个阶段活动。分别为活动 A,了解基本原理(仿制);活动 B,尝试解决问题(发现);活动 C,设计实现创新(创意)。

在项目步骤的设计上,活动内容凸显探究核心,从真实的情境出发,以学生为中心,给学生提供真实的问题。例如,行走机器人的外形、机械结构、齿轮箱等方面,通过合作与交流寻找解决问题的方法。

(二) 仿生机器人课程活动步骤

活动 A:布置任务→讨论归纳→模仿制作→测试→交流

活动 B:发现问题→问题讨论→改进方案→制作与测试→分享

活动 C:发散思考→确定目标→方案设计→制作与测试→分享

三、行走机器人课程的实践

(一) 仿制步行机器人模型了解基本原理,创设真实环境

活动 A 让学生去完成一个步行机器人的制作,把握学生喜欢动手的特点,让学

生迅速掌握行走机器人的原型,建立起对项目的兴趣。然后了解行走机器人的基本机械结构和运动原理。通过项目A行走机器人的制作,为活动B做一个问题情景设置。

(二)发现问题,设计方案,反复实验解决问题

1. 发现问题、讨论问题。善于发现问题是项目式学习中的重要环节。活动B,机器人行走效能研究,引导学生运用现代化的手段,去发现问题。例如,拍摄行走机器人行走视频,并慢放视频,让学生观察发现行走机器人在行走时,脚步与地面的关系、行走重心摆动等情况,引导学生发现问题并对这些问题进行分析。然后找出解决这个问题可能的方法。比如,增加脚与地面接触时间、机器脚上贴毛毡增大摩擦系数等。

2. 设计方案与制作测试。设计方案与制作测试是一个不断反复的阶段。绘画设计草图,填写相应学习单,然后对可能的方法进行实验。实验过程要求学生进行表格式记录,不断更替设计,每一次实验过程,要有设计方案、实验记录,记录要有条件、数据、实验结果。在不断迭代的过程后得到一个较为完善的步行机器人,让学生养成良好的学习习惯。每做一次实验,初始阶段的情况,改进中的情况,测试后的结果和改进前有一个对比,对不足点进行记录,再让学生反复改进,得到一个较为完善的步行机器人,最终体现过程性学习的目标和价值。

3. 分享与评价。分享是一种大智慧,能感受自我价值的体现,并赢得人们的尊敬。将步行机器人的优势和活动过程中的体会分享给大家,是一个开心的过程。最后进行赛一赛,看谁的步行机器人效能更高,这个步骤让活动达到高潮。评价促使学生对自己的学习进行反思,使学生更明智、更理性地学习。教师要把握好评价的不同方式方法,促进学生全面发展。整个活动中运用学生自评互评、教师评价,在学习过程中的数据量化评价,比赛结果成绩评价,多方面发现和发展学生的潜能。

这就是课程的设计思维。通过项目式学习让学生了解学习过程是一种思维方式,是一种设计创新。

(三)设计创新行走机器人

到活动C这一层面,学生对行走机器人的知识已经有了比较深度的理解。通过活动B学生生成了研究能力,开发属于自己的创意机器人。让学生进行探索、自我创新就水到渠成了。

四、行走机器人课程实践后的思考

（一）课程要充分体现现代教育的理念和新时代的要求

教师必须努力开展理论与实践相结合的研究，结合校外教育特点始终保持科学性和先进性。在活动目标上，要充分体现以人为本、因材施教、活动育人。在内容上，自主选择性非常大，可以及时加入时下热门的活动内容。在形式上，不仅仅采用课堂教学，更多的是走向社会，在动脑、动手、动口中获取知识技能，学会学习的方法，使活动更具有创意。

（二）项目的选择应该由学生根据自己的兴趣来决定

教师在此过程中仅仅作为指导者的角色。项目的学习比较适合实践性较强的科技活动，具有真实的情景，提出相应的问题，通过探究、实验等方法解决问题，得到一个较为完整的作品。

（三）项目的学习与传统教学模式的重要区别在于学习评价

在这种教学模式中，评价要求由老师、同伴以及学习者自己共同来完成。它不但要求对结果进行评价，同时也强调对学习过程的评价，运用学习做到定量评价是非常有效的帮助。

学生创新意识发展在影视创作课程中的探索

上海市徐汇区青少年活动中心　李　伟

一、发展创新意识的要素

创新意识是指人们根据社会和个体生活发展的需要,引起创造前所未有的事物或观念的动机,并在创造活动中表现出的意向、愿望和设想。创新意识是创造性思维和创造力的前提,由诸多要素组成。就学生而言,创新意识最基本的要素是指学生积极主动发现问题、努力探求解决问题的思路、方法,从而充分发挥自己的潜能的一种心理取向。以影视创作课程为例,在科学技术水平飞速发展的当今,数码影像设备的更新日新月异,影视创作不仅越来越受到人们的重视,也成为培养学生综合素养和创新意识的一条有效途径。

二、在影视创作课程中培养学生的创新意识

在影视创作教学活动中,如何培养学生的创新意识呢?

(一) 敢于质疑提问

质疑提问是所有创新的开始,而好奇、质疑正是学生的天性。质疑是思维的开端、探究的源头,也是素质教育积极提倡的创新学习的关键。要引导学生去多观察、多感受,引导质疑、鼓励质疑,让学生敢问、多问、愿意问。

影视创作课程《广告创意》,强调了"最短时间最大效益"和"突出产品"这两个广告制作的核心要素。教师给学生播放完全背离广告制作核心要素又富有人文关怀情结的"泰国人寿"系列广告,围绕广告核心要素的定义,进行适时的分析和引导,并

提出核心的问题:"有没有记住这个广告?"同学们纷纷表示这条广告在脑海中留下很深的印象,于是教师便引导学生自行讨论,既然有疑问,既然有不同见解,何不自己总结一条概念或是定义,在充分的讨论和质疑中,同学们自行得出了广告的定义:"让人们记住。"

学生提问,既满足了学生的好奇心和求知欲,又使学生在宽松愉悦的课堂氛围中养成了质疑、提问的习惯,学生创新意识的萌芽得到了很好的保护,也逐步培养了学生敢问、会问、善问的思维品质。

(二)尝试多角度思考

生活是一面多棱镜,每个人观察的角度不同,看到的风景也不一样。利用"多棱镜"这个效应,同一问题换一个角度看出的结果就会截然不同。多角度思考问题的习惯,有利于培养和发展学生的求异思维、发散思维和逆向思维等进行各类创新活动所必需的思维形式。

在影视创作课程《新闻稿撰写》一课中,教师讲解新闻"五要素"(何时、何地、何事、何因、何人)的相关知识之后,给出一幅"新闻点"较多的新闻照片,让学生提出自己对该张图片的见解,并按照新闻"五要素"的要求尝试写出新闻稿。在随后的交流中,老师发现从不同角度出发进行思考,同学们所写出的新闻稿大相径庭。该原始照片反映的是一位妇女早高峰骑自行车顶着大风出行,同学们纷纷表示出了自己的见解,直至下课还在讨论这张新闻图片的内容。有的学生写的是寒流来袭,有的写城市拥堵困扰上班族出行,有的写无车日大众暂别机动车纷纷骑车出行等五花八门的新闻主题。

题目是唯一的,而解题角度和方法却是多样的。通过"多棱镜"这一效应,学生学会了打破思维定式,提高思维的广度和灵活性,思维得到很好的锻炼,更体会到学习中打破常规不循规蹈矩的魅力。

(三)体验创造性活动

体验式教育是一种基于学习者自身的活动,是一种逐步获得感性认识的教育过程和学习过程。在影视创作系列课程的教学和活动过程中,让学生尝试新闻拍摄、MV制作、短剧导演、剧本编写、字幕设计、简单编剧、小小演员等不同的工作和角色。让这种现实的真实感受在学生的内心形成认知和转化,最终成为自主学习的动力。

影视创作课程《premiere 多轨道特效叠加》,引用"天气预报"这一学生都非常熟悉的节目作为课程切入口,再以当下环境污染、雾霾和暖冬等相关问题作为主题,让学生变身为一名天气预报节目后期制作者,尝试介绍环境对生活的影响和如何预防极端天气。引用介绍天气预报的真实片段,就是要让学生切身体会节目后期制作的工作。在学生们实施制作的过程中,为了突出节目效果均采用"画中画"效果(主持人和新闻画面出现在同一画面中),再逐步讲解多轨道叠加概念和特效叠加的相关知识点以帮助学生完成"画中画"效果,这样的过程让学习达到事半功倍的效果。在教学过程中,尝试让学生使用"熟悉"的知识和社会经验,充分给予学生自由发挥的时间与空间,让学生自己发掘问题、自己尝试和自己制作,从而不断地提升学习的积极性和自主性。

(四)激发兴趣培养创新意识

欧洲著名教育家第斯多惠曾说:"教学的艺术不仅仅在于传授本领,更在于激励、呼唤、鼓励。"青少年都有好奇和求异的天性,喜欢一问到底和另辟蹊径。对此,教师绝不能去压抑,而应该适当地引导和鼓励,使学生的成长和进步水到渠成。传统的教学中学生非智力因素培养受到很大程度的限制,从而影响着学生的想象力、思维能力和创新能力的发展。作为教师,要调动一切学生的积极性,给予相应的鼓励和正确的引导,使学生充满兴趣,适时的激励还能调动学生的积极性和求知欲。

在影视创作课程《蒙太奇技巧》的学习中,教师在简单介绍"库里肖夫实验"和"蒙太奇"的心理依据后,将学生分成三组,再次进行"库里肖夫实验",让三组学生观看三段"不同"的视频片段。三个片段其实演员表演的片段是一样的,但是片头的铺垫却不同,导致了三组学生看出了三种不同的剧情:"欢喜""哀伤""迷茫"。接下来让学生们自行讨论交流观后感,最后将三组片段一起放给所有的学生观看,大家才恍然大悟,原来演员自始至终都没有变化过表情,这个就是"蒙太奇"。这么做不但提高了课堂参与度,还很好地激发了学生的兴趣。随后选取学生中的一位将其作品放映给所有学生看,然后将其原始的素材进行一定的剪辑拼接,并配上风格截然不同的配乐,再放映给学生看。引导学生对两部作品进行比较和讨论:为什么同样的素材在经过剪辑拼接后效果会很不相同?在热烈的讨论中,所有学生包括制作者本人了解了原来经过"有机"的剪切(蒙太奇技巧)后会产生截然不同的效果。由此,教师顺其自然地引入蒙太奇技巧的知识点,讲解库里肖夫实验的目的和对现代电影的作用等,这些原本枯燥的知识,在引发学生兴趣之后,便能很好地为学生"吸收"和

"消化"。

在接下来的自主实验中,学生们饶有兴致地尝试不同的素材剪辑,以产生风格迥异的作品。学生已经对蒙太奇技巧有了浓厚的兴趣,也激发了自己进行创作的热情,教学活动的开展异常顺利。

兴趣是任何创新实践活动成功的首要因素,学生们的创造性成果,基本上都是在对所研究的问题产生浓厚兴趣的情况下取得的。在校外教育的课堂上,为了提升学生的兴趣,可以采用灵活多变的教学方式,如创设体验式的情景环境,这样可以突破课堂教学空间和时间的束缚,牢牢抓住学生的兴趣点,甚至可以把学习环境从校外教育的课堂延伸到社会上,如各种形式的社会考察、社区调研、夏令营和冬令营等等,这些不仅开拓了学生的眼界,更让他们获得了接触生活、了解社会的机会,也在真实的社会环境下达到了培养兴趣和热情的目的。只有学生的兴趣培养起来,才有可能让他们进行创造性的思考和实践,从而进一步培养其创新意识。

由此可见,在影视创作课程的创新意识实践过程中,积极尝试从多方面对学生进行创新意识的培养,教师要鼓励学生的质疑和提问、让学生学会尝试多角度思考问题、适当地在课堂中引入体验式教学并时刻激发学生兴趣等都是非常有效的手段。影视创作作为中小学生校外教育的一项热门课程,通过发掘学生学习的主动性和积极性,引导学生进行思考、实践和创造,激起学生勇于探索和创新的热情,可以非常有效地提升他们的综合素质。

名师工作室：艺术教师专业成长的新支点
——上海市中小学文化艺术名师工作室建设实践与思考

上海市科技艺术教育中心　马丽群

一、背景与现状

综观目前学校艺术教育现状，尚存诸多问题：一是学校艺术课程质量不高。艺术课程的开设，形式大于内容，艺术课程往往要给文化课程让路等。二是艺术教师更重视艺术专业技能的传授，忽视人文内涵的传递，忽视学生审美素养的培养。三是由于受文化成绩的影响，艺术课程教师往往被边缘化。学校对于艺术教师的培训和培养也都持消极态度。

为进一步推动上海教育领域综合改革、推进中小学美育工作，促进上海市中小学和校外文化艺术项目建设与人才培养，发挥上海市文化与教育的资源优势，双向促进文化、教育事业共同发展，上海市教育委员会与上海市文教结合工作协调小组办公室于2017年3月，启动了首期上海市中小学文化艺术名师工作室（以下简称"名师工作室"）项目的建设。

二、功能与定位

名师工作室建立之初定位于：搭建平台，铺设道路，为艺术教师专业发展赋能。首期名师工作室围绕"开眼界、搭平台、带队伍"的建设目标，发挥艺术教师培训、示范辐射推广、优质资源建设三大功能，整合艺术名师的社会资源，开展艺术教师培训，打造艺术教育优质团队，拓展中小学艺术教师专业发展空间。

（一）艺术教师培训

名师工作室在两年的建设周期内，通过专家示范、参观考察、实地探访、高端讲座、交流研讨、作品创作、个别辅导、舞台演出、展示交流等方式培训中小学艺术教师。根据学员需求定制课程，整合高端资源，为学员架设桥梁，铺设成长道路，为发现、发掘、孵化上海市中小学高端艺术后备人才奠定坚实基础。

（二）示范辐射推广

名师工作室充分发挥主持人的社会影响力和资源优势，通过教师和学生的活动、展示、交流、研讨、演出、展览等形式，在全市范围内进行普及和推广，提高工作室示范辐射作用和影响力。

（三）优质资源建设

名师工作室积极开展专业方向、教育教学相关的项目建设，通过教材、学材、课件、视频、音频等形式，整合社会、学校、教师等力量，建设工作室优质资源，创建中小学艺术教育名师工作室资源库，最终将建设成果推广至学校及师生。

三、成效与经验

两年多来，名师工作室通过名师引领，专业领航，积累了丰富的建设经验，初步打造了一支高水平艺术教师队伍。

（一）名师名家领航，拓宽教师艺术思维

名师，一般指教育界的优秀教师、大师、名家，是指在某一特定领域或学科范围内，具有精湛的专业素养和高尚的道德素质以及拥有"特级教师""专家型教师""某一学科带头人"等荣誉和头衔的优秀教师。上海市中小学文化艺术名师工作室的名师是来自基础教育系统之外的文化或高校系统的名师、名家。他们在本行业具有较高的艺德和艺术造诣，均为社会上比较知名的艺术家、文化名人，具有较高知名度、认可度和专业影响力，有的甚至是该领域的领军人物，在国际国内享有较高社会声誉，如中国当代著名的剧作家、国家一级编剧喻荣军，著名沪剧表演艺术家、国家一级演员徐伯涛等。名师工作室的学员可以直接与名师、名家对话，跳出教育看艺术，

拓宽艺术思维。

(二)集聚资源优势,激发专业成长内驱力

作为社会名人和领军人物,名师工作室主持人拥有众多社会资源。充分挖掘和开发各类优质师资,多方位、多层次、多渠道拓展社会资源,不仅通过课程对教师传播先进的艺术教育教学理念,也通过各种国际大师班、论坛、展览等方式提高教师对艺术知识的感知能力,提升教师的艺术鉴赏力和艺术表达力。比如,喻荣军戏剧创作工作室邀请多位国际戏剧教育老师,为学员提供戏剧创作、演出等专业戏剧技能培训,充分领悟戏剧教学方法,拓展眼界,接触前沿的戏剧理论。因此,在这批名师引领下,名师工作室的学员们能接触和了解最新的艺术教育理念和发展态势。激发了他们对专业追求的动力,唤醒教师的专业成长意识以及强烈的自我发展愿望。

(三)构建团队文化,缔造共同愿景和目标

名师工作室是基于教师共同的目标和兴趣自愿形成的学习共同体,其目的是促进学员的专业成长。名师工作室的建成突破了原有的行政架构,成员来自不同的行政区、学校、学科、年级。然而,这样一个看似松散的集体,却形成了各自独特又积极向上的文化,紧密团结在一起。他们对工作室有着强烈的情感认同、共同目标以及话语体系、思维方式、价值追求。名师工作室主持人既是工作室共同愿景的缔造者,也是文化的建造者,工作室营造了一种开放共享、相互信赖、彼此支持的团队文化。

(四)孵化优质成果,提升教师获得感和幸福感

名师工作室不仅仅培育了一批艺术教育领域的骨干教师,也孵化了一批艺术教育项目和资源。这些项目和资源走进了学员所在的学校,落地、开花,并初步实现"聚起来是一把火,散开来是满天星"的效果。如陈光辉陶艺工作室推动了陶艺特色课程的优质化建设,带着学员开发建设了一系列优秀的陶艺课程,编制了校本、区本教材数册,翻译出版了陶艺实践手册等。沉甸甸的成果让学员获得了满满的获得感和幸福感。

名师工作室以高校、文化名师领衔,多方利用社会、专业资源,提升了本市中小学艺术教育品质,拓展了教师专业视野,促进了艺术教师综合能力的提升,培育了一支高水平的艺术教育骨干教师队伍,孵化了一批艺术教育特色学校,辐射和带动了

更多的中小学生热爱和学习艺术课程。

四、反思与建议

通过对名师工作室学员的调查和访谈,学员反映,名师工作室的学习是他们人生中一次宝贵的经历和财富,不仅开阔了眼界,拓宽了视野,专业素养也获得了很大提高。但是,名师工作室的建设要实现"依托一位名师,带动一个学科,培养一支团队,产生一批成果"的目标,还需要我们坚持创新发展、不断探索。

(一)完善培训内容,既要"开眼界"又要"接地气"

培训内容的序列性和系统性有待增强,要尽可能契合教师实际需求,课程的开设既要"开眼界"又要"接地气",切实地走进学校进行项目指导,解决教学、项目落地等实际困难。名师工作室要立足艺术教师专业发展目标,关心呵护每一位学员的专业成长,倾听学员实际诉求,科学设置培训内容,制订专业发展规划和实施策略。

(二)开展教育研究,让专业反思成为专业发展的着力点

教育研究是名师工作室发展的原动力和生长点,也是提高教师自身素质,促进教师专业发展的有效途径。培训课程如何契合教师需求、高端文化资源如何反哺教育等,都需要通过专业反思、实践研究,来探寻艺术教育教学规律。只有将教育研究作为名师工作室发展的助推器,才能为名师工作室的持续发展提供不竭动力。

(三)引领带动辐射,进一步延伸和传递艺术教育智慧

名师工作室建设最本质的追求就是辐射、影响、带动、点燃和激发,"一花引来百花开"。名师工作室要借助名师自身的宝贵资源,发挥其在全市范围内的辐射和带动作用,不断推进项目进校园,让项目在校园生长、开花、结果。

上海市中小学文化艺术名师工作室项目不仅是顺应时代要求的改革举措,更是彰显上海文化、教育发展优势,整合全市优质文化艺术领域资源,孕育优秀艺术教育人才,尝试艺术教师培养的创新之举。我们相信,通过各名师工作室的共同努力,名师工作室一定能成为艺术教师"研究交流的平台、成长进步的阶梯、示范辐射的中心",一定能成为艺术教师专业成长的新支点,锻造艺术教师持续发展的新引擎。

激发学习动机教学模式在生物学探究课题中的实践
——以探究课题"公共区域自助触摸电子屏微生物污染调查及防控措施"为例

上海市黄浦区青少年科技活动中心 邓 芳

1990年，Ames提出影响学生成就的六大课堂结构因素，包括任务设计、权利分配、小组安排、时间分配、肯定方式和评估活动。1997年，Maehr和Anderman在此基础上增加了教师期待，形成七个课堂结构因素，即激发学习动机教学模式。该模式是一种综合性地激发学习动机模式，教师通过调节不同的课堂结构因素，创设有利于掌握目标定向的课堂氛围，激发学生学习动机，提升学习中的自我效能感。

生物学探究课题关注并紧密联系日常生活，选题大多来自学生生活，容易激发学生的学习兴趣。有了兴趣，学生便具备了积极主动的学习态度以及努力解决问题的动力。"公共区域自助触摸电子屏微生物污染调查及防控措施"（简称"'微生物调查'探究课题"）是活动中心生物班的一个探究课题。教师在辅导学生实施课题的过程中，充分运用激发学习动机教学模式，调动学生学习积极性和持久性的探究动机，较好地完成了课题项目。本文以"微生物调查"探究课题为例阐释该模式在课题实施过程中的具体策略。

一、任务设计

任务设计即对学习任务进行精心设计和细化，并赋予一定的现实意义，是影响学生学习兴趣和参与度的首要因素。教师用"明确新颖的学习任务"这把钥匙，叩开学生学习探究的大门。

在"微生物调查"探究课题中,首先从生活中引出:在信息化社会,触摸屏使用日益增多,便捷生活的同时也带来了微生物传播和交叉感染的隐患。然后明确学习总任务:调查触摸电子屏微生物现状。最后赋予任务一定的意义:基于调研数据,提出安全使用电子屏的举措。明确总任务后,将任务设计为:(1)公共区域微生物采样;(2)细菌培养;(3)培养结果统计分析;(4)提出防控措施。每条任务又可以细化,如公共区域微生物采样又可以细化为:公共区域的范围选择;微生物采样的方法;采样准备的器材等。

上述明确、清晰和具体而多样的学习任务,引发了学生极大的探究兴趣。学习任务所赋予的意义,也让学生认识到开展该课题的内在价值,增强了学生开展课题并完成探究的信心以及为完成任务付出努力的意愿。

二、权利分配、小组安排与时间分配

权利分配、小组安排与时间分配是激发学习动机教学模式中关注学生自主维度的三个课堂结构因素,强调学生自主选择、自主决策以及依据自身进度制订学习计划和安排学习时间。教师鼓励学生在众多的学习任务中挑选能够胜任或者感兴趣的内容,给予他们充分的自主权,从而使学生产生自我决定感,提升学习的内在需求。通过分析学生所选任务及完成该任务所需要的知识和技能储备、完成任务所花费的时间等要求,进行分小组安排和时间分配。

在"微生物调查"探究课题中,当任务目标细化之后,教师适度放权,让学生自己选择任务,而非强制性地规定谁去做什么。学生可以根据自身的情况,结合自己的特点进行个性化选择。以"细菌培养"的任务为例,课题组中有四位学生想要参与,他们组建成"细菌培养"小组。教师引导组员推选组长,组长带领组员充分讨论"培养基配制与灭菌""平板制备""菌液制备""涂布接种"等组内任务,预估完成任务需要的时间,并做出"每人自选一项任务"的安排。除此之外,组员间相互观摩、学习、监督、共同参与,致力于小组任务的完成。

教师通过给予学生一定的自主权、灵活和弹性的学习时间来引导他们参与课题研究,提升了学习的自主性、积极性。在小组合作学习中接纳来自小组成员的建议和意见,学习协作沟通,更多地感受到自己作为学习本体的存在,有助于学习任务的完成。

三、肯定方式与评估活动

肯定方式与评估活动是在激发学习动机教学模式中关注评价维度的两个课堂结构因素,教师通过对学生进行积极正面的评价,关注对学生个体的纵向评价,尊重学生的个体差异。对学生进行表扬时内容应该具体,而不是简单地"不错""很好"概而括之,目的是促进学生身心健康地发展。对学生的肯定方式通常应课后私下单独交流,尽可能减少公众场合表扬可能带来的个体间能力差异的对比,而应让学生更多地关注自身能力的提升,关注学习任务的掌握,关注目标的达成。

"微生物调查"探究课题中,"微生物采样"小组非常精确地完成了消毒前、消毒后、消毒后 24 h、消毒后 48 h 和消毒后 72 h 等不同地点、不同时间段的采样。教师在与学生的沟通过程中,发现负责采样的四位学生制定了非常详细的采样计划,不同的地点采样的时间很有讲究。如医院采样一定要等医院下班后、地铁站售票机要错开上下班高峰……看着他们认真有成就感的样子,教师给予了非常诚恳的表扬,并希望他们再接再厉,继续发扬这种精心策划、合理安排和认真负责的态度。负责"涂布接种"的学生在涂布前五个平板时都失败了,周围的小伙伴鼓励他说,"不要着急""我们问问老师"和"再试一次"……在教师的指导和同学的鼓励下,经过调整和不断地练习,控制了涂布力度,最终较好地完成了任务。教师及时地对他们小组不懂就问的学习态度、团结互助的小组精神进行了表扬。通过具体的表扬,肯定了学生的进步,学生的探究精神受到鼓舞,学习起来更加有积极性。

教师通过积极、具体和符合学生实际情况的评估方式,关注学生个体前后成长的变化,提升了学生完成学习任务的自信心、增强学生自我效能感,从而促进他们进入积极参与探究活动的良性循环。

四、教师期待

教师期待是教师对学生持适当的但略高的期待,以有效激发学生学习热情,促使他们更加积极主动,并尝试突破现有水平,获取更大进步。高期望能够有效激发学生学习热情,促使他们更加积极主动,变得越来越好;低期望则可能会降低学生积极性,带来较差的学习结果。

"微生物调查"探究课题中,难度比较大的是数据分析。本课题中对样品采用的是 16S rDNA 高通量测序方法,分析报告有几十页内容,含样本群落结构分析、Alpha 多样性指数、Venn 图、OUT、PCoA 和 NMDS 等诸多专业词汇,大多数是枯燥的数据和图表。"数据统计分析"小组的数学都不错,有一定的推理分析能力。但这份较高水平的分析报告,对高中生来说还是极具挑战性。教师对他们目前的水平进行了充分地肯定,并提示他们要提炼报告中有用信息,并加以归纳整理。不到一周的时间,该小组不仅提交了数据分析结果,而且还作了条理清晰的解读。

由此可见,师生交往过程中,教师通过把高期望传达给学生,一定程度上影响了他们的学习活动。不仅调动了他们学习的动力,促使他们不断地发挥潜能,而且在知识水平和思维能力上也获得了较大提升。

总而言之,在"微生物调查"探究课题中,教师运用激发学习动机教学模式,通过整合、调节不同的课堂教学结构因素,在提升学生学习兴趣,激发学习动力,营造问题解决和决策的环境,以及提升学习成就感等方面取得良好的效果。激发学习动机教学模式强调学生自主、凸显小组合作,需要学生有较强的自我约束、自我管理能力。教师运用该模式时,应注意对学生进行有意识地引导和培养,从而使得自主学习变得更加有意义。

"一间房"机器人教学中多维并举的教学模式初探

上海市虹口区青少年活动中心　张颉赟

随着人工智能时代的到来,越来越多的学生和家长意识到青少年机器人教育、编程教育等的重要性。人工智能、少儿编程、创客教育等学习课程日益成为家长关注的焦点。

由于目前的校外教育资源有限,以及校外教育的特殊性造成同一间教室里很多年龄跨度较大的学生一起上课,如何在"一间房"里实现分层教学,更好地满足不同年龄、不同能力层次的学生需求成为一个重要课题。通过长期青少年机器人教育中的实践,总结了以下具体的实践经验。

一、学习实践团队化

机器人教学以项目作为引导,根据各年龄层次和动手实践能力的高低,组成团队,分工协作。区别于传统的分小组学习,团队化后各学生职能分工明确,有遥控机器人动作的操控手、有配合指挥比赛、做记录分析的助手,有搭建机器人硬件结构的机械师,有编写程序代码的程序员等等。这些不同的"职能部门"紧密联系,相互合作,共同完成了机器人活动任务。学生团队化后,形成以老带新,增加学生之间的互动,有助于培养学生合作和分享的意识,降低低年级学生的进阶门槛,增进高年级学生的成就感,让每一个阶层的学生都能更投入。

二、课程内容阶梯化

在"一间房"的教学中,可以设置同一大主题下不同难度的阶梯化内容。以机器人教学常见任务——光电传感器循迹为例,可以以这样的主线分层教学:认识光电→测试亮度→设置条件分支→巡线。低年级的内容以参与认识光电传感器,测试不用区域的场地反光亮度为主;高年级以研究算法,不同形状的路线循迹等为主,发散思维。高年级学生在测试的时候也可以给低年级学生做参考和启示,使他们有一定的目标感,当一个任务完成后可以自主投入到新难度的任务中去。

三、项目设置分段化

有趣的智能机器人项目往往在结构或者编程上有一定难度,让还没学过相关知识的初学者去尝试制作,失败的概率比较高,容易打击学生。但是,如果只是追求课堂完成度,而去制作简单的模型或者编程,高年级的学生又没有太大兴趣。学生的能力差异太大,即使是同一主题的不同阶梯难度的功能,有时可能也难以在"一间房"里实现。这就要求教师能够合理分配教学进度,把一个大的任务项目,拆分为不同的任务分段。不同的子任务对于结构搭建、编程学习的要求不同,在同一课堂内进行"同课异构"。以上海市机器人比赛中的智能驾驶项目为例,在课程中通过尝试把任务划分为3个低难度(右转90度、沿墙壁行驶、已知U型弯处掉头)和3个高难度(沿墙壁能够直线行驶并到路口白线处停止、判断红绿灯通过路口、多任务处理突发情况)的子任务。学生能够在完成一个简单任务分段后自己进入下一个子任务的调试制作中,有了学习的目标性和自觉性,增加了趣味性,也提高了学生的参与度。

四、教学工具统一化

在"一间房"里教学,教具品种多样有时候会适得其反。不同的器材区别很大,如果每一个都需要关注,会耗费教师大量精力,而对于学科原理的教学相对就会降低。从学生的角度看,不同的教具容易分散注意力,使之在学习上不够专注。如果使用经过选择的同一种器材,往往会收到比较好的效果。通过选择,类似于像VEX IQ、乐高等塑料拼插式的模型,零件结构多样,传感器品种丰富,简单易用。既可满足初学者或小学生搭建有趣的简单模型,编写简易程序实验的需求,也可以满足高中生甚至大学生开展专业研究拓展,制作复杂模型。统一化课堂教具,让学生能够在同样材料的基础上分阶段开展活动,并且让低年级的学生看到哥哥姐姐用同样的器材可以实现更复杂、更高级的功能,进一步激发他们学习的热情。统一化的教学工具既减轻了教师的教学整理、准备工作的负担,也增加了学生的好奇心、探究欲,可以让师生把精力集中在知识和技能的学习上。

五、资源社交平台化

"一间房"中不同的教学内容很难在同一份 PPT 或者学习单里面展示和教学,也容易让教师在课堂上疲于应付学生碰到的各类突发问题。所以建立公共可共享的课程资源平台,让不同层次的学生在课上都能自主学习到一些基础知识,能够先自行研究,解决一些简单问题,这非常有必要。通过微信、QQ、云盘等形式,建立群,教师和学生在群里下载共享文件非常方便。社交平台同时也满足了青少年学生的社交需求,拉近了师生和生生的距离。在社群里,学生平时可以在课后讨论机器人技术,交流互动,上课时则展示他们的研究成果,学习的积极性有了很大的提升。

六、教学评价多元化

不同年龄层次的学生的心理差异决定了在"一间房"的教学过程中不能用同一种评价手段来评价。以小学生为例:小学低年级学生的注意力一般只有 20—30 分钟,形象思维仍占主导,逻辑思维很不发达,很难理解抽象的概念。他们的独立性和自觉性较差,在生活、学习、活动等各个方面都需要教师的监护和具体指导。这些低年级的学生应以鼓励、展示个性化为主,鼓励不同的想法,不把专注放在技术细节上。而到了小学高年级以后,逻辑思维开始在思维中占优势,创造思维也有很大的发展;对新奇的事物表现出极大的兴趣,如搜集物品、制作玩具、学习某种特长等,他们的独立意识进一步发展,常常认为自己已经长大成人,甚至比大人们还高明,所以教学应以细化后的任务目标达成度为主,科学地量化评价。不同年龄层次、不同学习能力、不同学习基础、不同性格特点的学生都需要教师灵活地多元地进行不同的评价,不能在同一目标任务下"一刀切"。

七、竞赛任务多样化

参与比赛可以检验学生的学习效果,提高学习的积极性。但是每个人都去参加统一的比赛显然是不合适的。根据学生年龄层次和能力高低,具体分析比赛的条件基础、目标、过程中需要涉及的能力要求等,以降低学生活动的门槛。如,让低年级学生参加机械奥运和"西南位育杯"里的普及项目,而高年级学生则可参加智能机器人项目,需要团队协作和复杂的机器人设计、各类机器人挑战赛等。每个学生都能参与,收获快乐,提高自信。

八、活动责任模块化

学生的团队责任意识和合作精神是机器人教学中需要培养的综合素质目标之一。"一间房"中,设备复杂,人员多样,年龄大小,认知水平、自理能力等都有较大差异。不能因为初学者能力不够就什么都不让他做,也不能让高年级的学生什么事情都做。低年级的学生可以有自己也能够为团队贡献的成长感。高年级的学生通过传帮带也有成就感、自豪感。在课堂学习和训练的过程中,要利用好每个学生的特长,把责任模块化,根据年级或者能力分配不同的任务。明确每个人承担的责任很有必要,因为这样既方便教师有序管理,进而有利于竞赛成绩的提高,也能防止队员之间的不作为,相互埋怨和扯皮,调动了学生的主观能动性和团队合作精神。

总之,校外教育没有统一的课程教学模式和标准,机器人课程"一间房"的教学模式既带来了难度和挑战,也带来了开放式学习的好处。通过以上实践举措的初探,多维并举,使得不同能力、年龄层次的学生能够在"一间房"里共同成长,把课堂和活动真正交还给学生,让他们参与其中、乐于其中。

合作共赢:论校外教育与社区教育

中国福利会少年宫　陈　静

近年来,校外教育已经不可能继续独立于社区生活以外,不可能继续与社区教育毫无联系,而是越来越广泛和深刻地同社区发生各种各样的内在的必然的联系。社区教育也需要跟校外教育紧密合作,充分利用社区内的各类教育资源,开展校外教育及社会实践活动,为青少年健康成长提供良好的社区教育环境。

一、校外教育与社区教育合作的意义

(一) 发挥校外教育优势,提升社区教育专业化发展

校外教育拥有场地、师资、项目等优势,擅长针对未成年人提供专业化服务。校外教育走进社区,不仅可以拓展社区教育的服务对象,更多地辐射未成年人、亲子家庭以及青年白领,也可以充实社区教育的活动内容,共享专业的师资力量,提升活动的持续性和创新性。

(二) 依托社区教育的平台,促进校外教育均衡发展

虽然校外教育在促进未成年人健康成长方面发挥着重要作用,但受地域、资金投入等因素的影响,校外教育的区域差异、城乡差异依然较大,仍有大量少年儿童的校外教育需求尚未得到满足。借助社区教育的地域和管理优势,也可以挖掘更多辐射优质校外教育资源的渠道,从而推进校外教育的均衡发展。

(三) 探索校社合作的新举措,助力青少年健康成长

虽然校外教育和社区教育的合作已积累了不少有效经验,但现有的合作途径相对比较单一,主要以活动为载体,通过送活动的方式加强彼此的联系。作为青少

年学习和生活的两大重要阵地,校外教育与社区教育密切配合,探索更为多元的合作方式,能够为青少年营造更加良好的成长环境。

二、校外教育与社区教育合作的要点

（一）目标:促进人的发展

同样作为一项教育机构,校外教育和社区教育都强调人的发展。虽然在教育对象和教育内容上,两者各有侧重,校外教育主要针对未成年人,依据未成年人的年龄特点和兴趣爱好来设置内容;而社区教育的对象具有全员性、广泛性,内容也更为全面和综合,但是共同的教育目标为二者的合作提供了基础,也促使二者实现优势互补、共同发展。

（二）载体:共享发展资源

凡是能够满足未成年人及社区居民需求的,有利于未成年人健康成长、丰富社区居民生活的,都可以作为二者共享的发展资源。这些发展资源非常丰富,涉及物质资源、人力资源、组织资源、人文资源等类别。

其一是物质资源,图书馆、博物馆、科技馆、文化馆、体育场(馆)等,是两者可以共享的场所资源。其二是人力资源,由老干部、老战士、老专家、老教师、老劳模组成的"五老"人员也是两者可以共享的师资力量。其三是组织资源,诸如教育行政部门、社区教育学院等,以及有意愿、兴趣参与共建的企业单位等。其四是人文资源,社区文化、生活习俗等对社区居民产生着潜移默化的作用,也可以用作开展校外教育的有益资源。

（三）策略:基于优势互补

现阶段,两者合作的渠道主要依靠举办各种类型的活动,共享项目、师资、场地等资源,实现优势互补。社区教育以其独特的地域和管理优势,能够有效联合社区内的学校,充分地整合和利用社区内的一切教育资源,而校外教育便可以配合社区,利用社区自身的优势开展活动。与此同时,社区教育的发展使校外教育加入更多为社区发展和社区居民生活服务的内容,通过设置适合社区发展需要、体现社区文化特点的特色科目,校外教育可以主动走进社区,实现联动。

三、校外教育与社区教育合作的途径

（一）尊重主体参与，重视需求调查

青少年和社区居民既是服务对象，又是参与主体。20世纪80年代，由罗伯特·钱伯斯倡导并推广的参与式发展理论在社区教育中得到了很好的体现。社区居民应该是社区教育的"自治者"，而不是"旁观者"。实施参与式发展，能够提高社区居民对社区教育的关注度，激发居民参与的积极性，增强教育实效。

校外教育和社区教育都是基于各自的资源优势，拓展服务渠道。因此，从促进青少年全面健康成长以及增强社区教育实践性的角度出发，通过问卷调查、访谈等形式，充分尊重、全面了解青少年及社区居民的教育需求，才能有的放矢，激发主体参与的积极性，实现资源的有效利用。

（二）探索多元渠道，加强资源开发

2016年颁发的《教育部等九部门关于进一步推进社区教育发展的意见》提出，社区教育机构要紧密联系普通中小学、青少年校外活动场所、社会组织等，充分利用社区内的各类教育、科普资源，开展校外教育及社会实践活动，为青少年健康成长提供良好的社区教育环境。《上海市校外教育工作发展规划（2009—2020年）》也强调，开展校外教育活动要充分利用开发各类社会教育资源，要扩大社会教育资源开发利用的范围和数量，包括各类教育基地（场馆）、公共文化设施、政府机构、学校、社区资源以及民间校外教育场馆等。

资源整合是一项复杂的工程，需要调动多方力量才能实现。一方面，为了了解资源的多样性，可以建立相关资源信息库，根据资源的种类、适用性及使用上的便利性，对相关资源进行分门别类、建档入库，以便统一规划；另一方面，为提高资源的利用率，可以通过课程菜单或课程资源包的形式，将优质资源和项目打包，分享利用。通过课程菜单，可以供感兴趣的社区教育机构根据需求进行选择，以便校外教师走进社区时能够提供适合的内容。同时，在师资力量有限的情况下，校外教育机构也可以提供相关课程的资源包，供社区教师自主开发利用。

（三）健全管理机制，形成工作合力

校外教育与社区教育隶属不同的管理部门，因此，二者的融合发展需要依托健全的管理机制,既包括外部的制度保障,也涉及内部的主动协调。

外部的制度保障,意味着最终还是要通过法律的形式来规范二者的发展。现阶段引导两者发展的部门规章、通知、意见等,存在刚性不足、操作性不强等问题,不仅制约了各自的科学化、规范化发展,也不利于两者实现合作共赢。日本早在1949年就颁布了《社会教育法》,明确社会教育的对象是"青少年及成人"。校外教育和社区教育都明确归属于社会教育的范畴,依靠一系列法律法规走上了法制的轨道。只有通过立法的形式,才能建立相应的健全的工作管理机制,调动相关职能机构的主动性,明确责任、分工合作,真正推进二者的融合发展。

内部的主动协调是现阶段推动二者开展合作的较为有效的途径。校外教育可以利用自身在面向青少年开展专业化服务方面的优势,将优质项目、师资等与社区进行分享,开展"流动少年宫进社区"等活动;社区也可以利用自身资源的多元化,立足社区自身的文化氛围对社区内的青少年产生潜移默化的影响,或者联动区内的学校、企事业单位等与校外教育机构沟通联系。与此同时,不仅是区域内的校外教育机构与社区教育机构相互合作,也可以通过联盟或共同体的形式,成立跨区域的合作机构或建立跨区域的合作关系,增强优质资源的流动性,共享发展资源,实现优势互补,推动教育均衡发展。

户外营地教育提升学生
红色文化认同感的实践研究

上海市少年儿童佘山活动营地　徐秋莉

一、意义与价值：户外营地教育提升学生红色文化认同感的意义

红色文化是中华民族优秀文化的组成部分，蕴含着中国共产党在革命战争年代所释放出的高尚品格和民族精神。红色文化反映了革命先辈的崇高理想、坚定信念和爱国情操，对当代学生培养坚定的社会责任感和强烈的民族精神具有推动作用。

党的历次报告中都明确指出，必须把弘扬和培育民族精神作为文化建设极为重要的任务，纳入国民教育的全过程。《上海市学生民族精神教育指导纲要》也指出："在上海学生中弘扬和培育民族精神是上海建设社会主义现代化国际大都市的迫切需要。"红色文化是民族精神教育的重要体现，也是开展青少年德育的有效载体。

近几年，校内教育也越来越重视对小学生进行以红色文化为主题的德育教育工作。户外营地教育作为校外教育的重要组成部分，其丰富多彩的实践活动更能体现红色文化教育的内涵。

二、优势与特点：户外营地教育是提升学生红色文化认同感的途径

（一）完整持续的社会化教育模式

民族精神教育的培养应从培养学生的社会化入手。社会化是一种过程，通过学习群体文化，学习承担社会角色，逐渐充实，从而形成个性，融于社会，成为社会成

员,这个过程就是社会化。学生在户外营地活动的时间一般都在两天以上,其中包括课程活动和集体生活,每个学生在其中都担当着一定的社会角色,承担着一定的任务,体现了社会化教育模式。教师可以通过完整且长时段的教学设计活动,使学生体验和感受社会化教育模式下的红色文化。

(二)丰富多彩的红色文化体验

由于户外营地教育本身具有开放性和生成性的特点,学生在户外营地活动的时间里,教师可以根据活动的主题内容来设计独特的个性化体验。以红色文化为主题的活动中,教师可以从营地环境开始到学生服装配备直至就寝模式等各个环节下手,将红色文化教育渗透在整个营地活动中,让学生能更直观地去体验和感受民族精神的内容,由内而外地认同红色文化。

三、探索与启示:户外营地教育提升学生红色文化认同感的实践

户外营地教育通过丰富的活动和生活化的教育,能够促进学生对红色文化的认同感。对学生进行民族精神教育时要把握其年龄特点,将红色文化融入学生日常生活和丰富多彩的实践活动中,寓教于乐,寓情于景。实施的策略包括:

(一)红色元素体验,增加学生走进红色文化的认知感悟

对事物有效的认知建立在高效的亲身体验中。户外营地活动没有统一的课程标准,教师可以灵活地依据教育活动资源为学生设计个性化的活动内容。此外,户外营地活动的开展一般不受时间和空间的限制,教师可以设计多样的、长时间的元素体验。

学生进入营地后,每人会分配到一套迷彩服作为整个活动的着装,体验军营生活,学习军人品质。午餐时,学生使用传统的烤瓷碗作为餐具,十人一桌用餐,体验部队军营的用餐方式。活动间隙,集体学唱红歌,展现青少年的力量,继承革命先辈的光荣传统。红色电影露天赏析,以最传统的模式从文艺作品中了解革命的历程,懂得革命的艰辛。晚上,营地为学生提供8—10人间的通铺入住,仿照革命前辈在战争时期的住宿条件。入夜,紧急集合、外出拉练,感受革命时期随时待命的危机感。

红色文化浸润在具体的活动实践中,在潜移默化中感受革命传统精神。红色

教育不仅体现在各项活动中,还体现在营地的教育环境里。例如,整齐划一的营房布局、准军事化的集体生活、墙面的宣传标语、带队教官的自身形象,这些都可以给学生带来一种特别的体验,从中感悟到红色文化的教育。

(二)整合活动资源,丰富学生探索红色文化的课程内容

户外营地地处美丽的大自然,周边往往拥有丰富的教育资源,包括自然资源和人文资源,这些都是可以利用的教育素材。以佘山营地为例,我们的周边有海陆空等不同军种的部队驻地,有东方绿舟这样市内大型的国防教育基地,还有陈云故居、小蒸烈士陵园等,这些自然、人文景点无不体现着红色教育的意义。我们在设计活动的时候,应该注重对这些资源的利用。在活动组织的过程中,我们可以充分利用各种活动形式,如体验教育,自主的项目式探索,或者是仪式教育。通过不同的活动方式和学习形式,丰富红色文化的课程内容,体现校外教育资源整合的价值所在。

(三)主题活动探索,增强学生实践红色文化的教学实践

户外营地教育通过有意识的、系统的培养,提升学生的红色文化认同感,在营地生活中让学生体验和感受多元红色元素,了解革命传统文化,并将红色文化情感融入主题实践活动中。通过设计和开展主题鲜明的红色文化实践活动,增强学生实践红色文化的行动力,做到知行合一,更好地在活动中受到民族精神的洗礼。

以营地的"重走长征路"红色文化主题活动为例,教师根据学生心理特点,结合红色文化内容设计了一场实践活动。活动的主要内容是学生组队寻找物资并自行制作午餐(烧烤竹筒饭)。第一阶段:教师提前在西佘山上设置几个材料收集点,放置制作竹筒饭的各种材料;学生以小队为单位徒步拉练至西佘山寻找这些材料。第二阶段:学生收集好午餐材料后徒步回到营地,用所给材料配备炉灶自己动手制作午餐。第三阶段:午餐分享及小组讨论。

西佘山离营地有一定的距离,学生需要徒步前行登山并携带材料拉练回到营地,这个过程需要消耗大量体力,磨炼了学生的意志;在西佘山上寻找材料置放点并通过完成合作任务来取得材料(任务包括拼出中国地图、摸石过河等),培养了学生的合作精神;回到营地后,利用取得的材料和事先准备的炉灶、锅子等工具自己烧烤竹筒饭,培养了学生的动手实践能力。学生在整个活动中感受到红军长征的艰辛,提升对民族英雄的崇敬之情;艰苦的行进活动过程也坚定了他们的信念,珍惜现在的安定生活,加深学生对祖国的热爱。

（四）庄严仪式教育，提升学生理解红色文化的内化传承

提升学生红色文化认同感的目的是为了在学生群体中培养和弘扬民族精神，并将民族精神内化于心，外化于行，传承下去，而这需要一定的环境和氛围配合。户外营地教育从学生入营到结营，整个过程中会进行几次较为庄严的仪式活动，如入营仪式、结营仪式，更富有意义的活动开展仪式。这些仪式都由各个细致具体的小环节组成，要求学生佩戴好红领巾，军姿站立，严肃认真地参与整个过程。

在众多仪式中，以入营仪式和活动开展仪式为主要的民族文化内化传承点。以入营仪式为例，我们安排了升旗环节、授旗环节、献红领巾环节，并配合庄严的仪式音乐。升旗环节由训练有素的退役武警教官身穿军装出旗并升国旗，学生敬礼并高声唱国歌；授旗环节由教官将各个小队的队旗授予小队代表；献红领巾环节由学生代表将红领巾献给自己小队的教官，并帮其佩戴。各个环节都能让学生感受到浓浓的民族自豪感和革命庄严性，学生们内心的民族精神得到内化和升华。

四、总结与思考

（一）培养教师队伍的红色素养

在户外营地活动期间，教师的言行必然会成为学生模仿的对象。在红色文化教育活动中，教师自身就必须要有强大的红色素养，才能在课程活动及集体生活中给予学生正确导向和正面能量。因此，户外营地教师团队必须注重红色素养建设，让教师深刻理解民族精神，让民族精神深深植入教师团队心中。

（二）注重营校结合的教育延续性

红色文化教育是一个长期的教育过程，学生处于心理和生理的高速发展阶段，持续阶段性地渗透才能更好地将民族精神内化传承下去。户外营地必须重视与学校的合作，在活动前深入学校，提前开展相关的教育；在活动后，注重教育的延续性，通过营校结合，真正体现红色教育的德育效果。

体育专项化背景下以社团模式开展高中课外体育活动实践探究

上海市大同中学　冯尚欣　陶克雄

一、研究目的

在高中体育专项课程改革的背景下,伴随着各项目专项课教学的深入,学生的技术水平和组织协调能力得到提高,会有越来越多的学生不满足于体育专项课锻炼与交流,他们迫切需要在课外体育活动时间有一个技术展示交流的平台。如何搭建好这个平台是进行体育专项课程改革试点学校面临的问题。

本研究以此为切入点,着重探究构建社团形式开展高中课外体育活动的模式,力争为高中体育专项课程改革背景下上海市其他学校进行课外体育活动探究提供一定的理论借鉴。

二、研究方法

1.文献资料法:通过对中国知网、国外相关文献的收集,了解本课题的国内外研究现状。2.调查研究法:设计问卷《学生体育社团及课外体育活动开展情况调查》,通过问卷星调查软件面向高一、高二学生进行调查,共有711名学生参与调查,获得了有关学生对体育社团认知现状一手资料。3.个案研究法:以上海市A中学学生参与体育社团为个案,进行跟踪、访谈并分析。4.访谈法:通过对A中学社团负责人及体育教师进行访谈,从而保证获得丰富、客观、准确的第一手资料。

三、结果与分析

根据《中国大百科全书》中对学校体育社团的描述,我们把"社团模式"定义为由学生自愿组成并在指导教师的帮助下,以体育活动为载体,以实现学生共同理想为目标,按照其社团章程开展体育活动的一种模式,它包括一套完整的构建框架、管理机制、开展形式。

1. 上海市A中学学生对体育社团的态度分析。从高中生对体育社团活动的态度分析可以看出,上海市A中学对体育社团非常喜爱的有224人,占总人数的89.6%,可见高中生对体育社团的喜爱程度较高,也说明体育社团的组织形式符合了高中生的心理和身体的需要。同时体育社团也是根据学生的兴趣爱好进行设置,高中生的学习压力大,体育社团又为他们提供了一个释放压力的好场所。

2. 上海市A中学学生课外体育锻炼时长分析。通过学生每天参加课外体育运动的时间统计我们发现,有54.0%的被调查学生认为每天的体育活动时间为60分钟以上;有24.5%的学生每天的活动时间为30—60分钟。也就是说每天参加体育锻炼时间为60分钟及以上的学生占88.5%。另外,在参与课外体育锻炼时间在30—60分钟及60分钟以上的时间段上不同性别的学生存在差异。通过卡方检验,$0.01<p<0.05$说明男、女生在参与课外体育锻炼的时间上差异存在显著性。

四、上海市A中学以社团模式开展课外体育活动研究

(一)上海市A中学学生体育社团构建框架研究

1. 上海市A中学体育社团的管理机制研究

经访谈得知,为确保学生体育社团活动的顺利开展,上海市A中学专门设立社团管理条线(流程图):学生发展中心→团学联→团委→体育教师(外聘教师)→社团部→社团日常管理。

2. 上海市A中学体育社团的构建模式研究

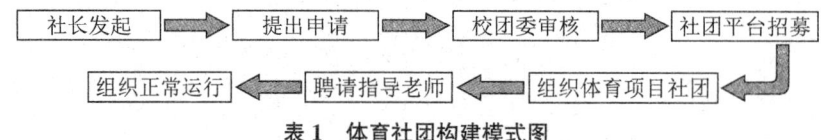

表1 体育社团构建模式图

3. 上海市 A 中学以社团模式开展课外体育活动模式研究

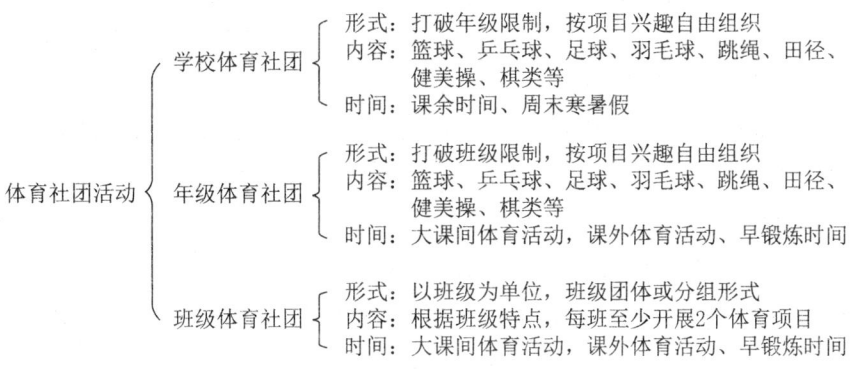

表 2　体育社团开展模式图

（二）上海市 A 中学学生体育社团运行策略研究

1. 以人带人加强领袖人物的培养

领袖人物是每个体育社团的生存和发展的核心力量，其选拔与培养是保证社团有序开展的重要保障。在实践中，社团领袖人物一般通过学生自荐、同学推荐、教师选拔三种方法产生，同时也通过社团内部以老带新、外聘专业教练指导、体育课（体育专项课）上教师指导三种途径来加强其能力的培养。

2. 以团带团促进学生社团活动的全面开展

为了更好地带动学校体育社团的发展，发动每个学生都参与到体育社团中来。首先，充分利用每年一次社团节让每个社团展示创办成果；其次，组织优秀社团的负责人对所有社团负责人进行优秀社团创办的经验交流讲座；最后，组织社团之间进行结对活动，在学年开始，每一个优秀社团要与相对较差的社团进行结对帮助活动，以促进社团之间相互交流，相互影响，相互促进。

3. 以赛促赛，形成多项目社团模式课外体育竞赛群，丰富学生课外体育生活

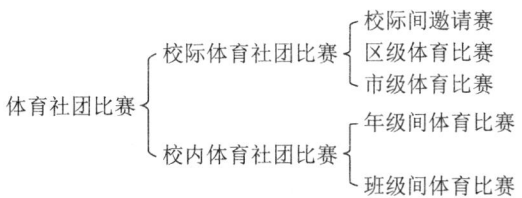

表 3　各体育项目社团竞赛群比赛模式示意图

（1）班级间比赛。每年9月学校体育节，组织相关的体育项目比赛。例如，篮球三对三比赛、学校田径运动会、早锻炼时羽毛球比赛。除此之外，各班级内的体育社团在社长的带领下还利用业余时间，组织各班级社团之间的体育比赛，比较成熟比赛有羽毛球社团赛以及篮球社团赛。

（2）年级间比赛。通过班级之间比赛选拔，每个年级中运动技术水平较高的同学可以组成年级体育社团。年级分社长利用课余时间组织年级社团成员参加课余训练及年级间比赛。此外，年级体育社团是我们学校运动队梯队，也是培养校队成员的摇篮。

（3）校际间比赛。一般情况来说，校际间比赛的形式有三种：校际间邀请赛、区级层面比赛和市级层面比赛。在参加校际间比赛前，各项目校队教练员可以通过班级及年级相关项目体育社团比赛来选拔校队队员，利用课余时间进行专业化训练，并组织他们代表学校参加校际间邀请赛及区、市级比赛。

五、结论与建议

上海市A中学绝大多数学生非常喜欢参与社团活动，每天参与体育活动时间为60分钟及以上，但在锻炼时间上男、女生差异存在显著性。上海市A中学从学生体育社团框架、开展模式及其运行策略进行研究，探索出以社团形式开展高中课外体育活动的模式。

以高中体育专项化改革为契机，培养女体育骨干分子，开设女生感兴趣的体育项目，并鼓励学生打破时空界限，利用周末及节假日利用社团模式组织课外体育活动。

进一步加强以社团形式开展高中课外体育活动实践探索并尝试开发兼具体育社团招募、运行及赛事策划与推广功能的微信公众号。

课外体育区域一体化策略研究

上海市松江区青少年活动中心　张君华

课外体育作为学校体育的重要组成部分,是实现学校体育目标和任务的重要途径。课外体育要形成特色需要走区域一体化途径,区域内学校间建立起合作关系,打破学校之间各自独立的状态。在项目、师资、场地、体育社团、训练梯队等方面建立起合作的关系,相互扶持、共同发展,才能建设特色学校,推动运动项目发展提高。区域一体化合作包含小学与小学、小学与初中、初中与初中、初中与高中、高中与高中等之间建立起良性、互动的合作的关系,以达到资源共享、和谐发展。

一、我区中小学校课外体育现状

1. 课外体育特色发展不足、普及率低。许多学校课外体育特色项目,往往存在梯队建设不足,不能保障培养充足的生源补充,难以做强;所定位的特色运动项目常常难以全面铺开,仅在个别年级开展,只有少部分学生能够接触,参与人数影响了项目在校园的特色发展。

2. 课外体育缺乏长远规划。通过基层学校访谈了解到,很多课外体育项目缺乏长远的规划,项目开展计划性、目的性不强,盲目性比较高。区内学校存在课外体育求多做全,集中在部分项目上重复,而且大都属于低端水平,看起来百花齐放,实际上真正"拿得出手"的比较少。

3. 课外体育项目欠缺评价管理。部分学校为了丰富学生多样化体育健身需求采取了一些措施,各个学校均有不同。最常见的是通过购买服务的形式,为拓展课或者体育社团请社会办学机构的师资提供服务。走访发现,一方面,对于购买的服务缺乏完善的监督管理、评价考核机制;另一方面,项目专项经费的使用效率参差不齐,这些都难以保障课外体育的长期发展。

4. 课外体育场地限制。体育设施是开展体育健身活动的主要载体,充足的体育场地器材是学校体育活动顺利进行的重要基础。目前,我区各中小学校开展体育活动的体育器材基本上能够满足普通体育课程的需求。但场地不足的现状,已成为制约我区中小学校开展课外体育活动的重要因素之一。

5. 课外体育师资不足。根据上海市中小学体育改革总体要求,学校要统筹安排,确保每周小学4+2(每周4节体育课2节体育活动课)、初中4+1(每周4节体育课1节体育活动课)的课时安排模式,这必然导致体育教师师资力量出现较大缺口。体育教师超负荷工作,一定程度阻碍了课外体育各项活动的开展。同时,面对许多新兴项目,体育教师也难以完成对学生课外辅导的任务。

二、我区课外体育区域一体化举措

1. 一体化学段有机衔接,有力促进区域课外体育顺利开展。本着推进区域课外体育持续性发展的思路,我区成立了项目联盟中心组,开展组内教学、训练展示、研讨活动,促进不同学段教师共同提高;组建了辖区中小学体育教师QQ群和微信群,使他们在群里相互探讨教学、训练的方法。此举,一方面,方便不同学段体育教师了解学生的学习情况和能力水平,尤其是各个学校的体育特长生能很快进入高学段体育教师的视野,便于开展后续的教育教学;另一方面,便于两个学段教师的相互联系,及时沟通,做到无缝衔接,增强两个学段的课余体育教学效果,使教育的功能持续化。区域内各级学校间纵向衔接,通过学段衔接,为更长远的发展考虑,青少年的成长需要学校体育各个阶段共同协调、相互努力。

2. 一体化项目合理布局,积极影响区域课外体育良性发展。体教结合是当前我国教育和体育领域正在大力推进的一项重大的实践活动。上海市体教结合"一条龙"体育人才培养模式,为实现我国竞技体育的可持续发展和对运动员进行全面教育提供了参考。我区教育局近期制订了上海市的九大项目布局规划,将体育项目分别布局在区内四所市级和区级示范高中。同时,每所高中的项目对接二所初中和四至六所小学。通过小、初、高的三级培养模式,挖掘培养优秀运动人才,不断地补充到相应特色学校队伍中,为学校特色发展提供源源不断的"生力军"。在项目布局的整合下,各所学校课外体育发展各自特色项目,区域协调发力,形成以运动项目为纽带的学校课外体育一体化发展模式。

3. 一体化科学安排赛事,有利扩大区域课外体育参与人数。为落实立德树人的根本任务,丰富课外体育内涵,我区举办了一系列阳光体育赛事,深入推进市、区、学校三级阳光体育联赛体系建设。区青少年活动中心制订了系列区级竞赛计划,全年18项赛事吸引学校参与数和学生参与数稳步提高,通过阳光赛事引导基层学校课外体育开展各项体育活动的机制日臻成熟。为了促进区域一体化建设,相继开展了足球区域联赛和区域精英赛,将全区划片开展联赛,搭建平台增进各校交流;举办了校园篮球联盟杯赛,为联盟队伍的成长提供舞台。

4. 一体化组建精英训练营,有效提升区域课外体育项目质量。课外体育精英化发展离不开整合,在区教育"十三五"规划建设足球强区的战略背景下,2015年底,我区校园足球精英训练营成立。目前,全区共有各个年龄段,不同性别的精英队伍共9支,分布在六个足球营地学校,开展日常的训练与学习。200多名营员都是全区各个学校通过课外体育的训练和阳光赛事中选拔出来的优秀队员。区级财政为这些集中起来的精英运动员购买了优质的教练服务,毕业升学享受项目获得的政策倾斜以保障梯队建设紧密连续。

三、我区课外体育区域一体化发展的反思

我国过去的几十年经济高速发展,一个主要特征就是全球经济和区域经济的一体化。课外体育的发展也需要这种区域协作。我区课外体育区域一体化,不是学校体育功能的简单叠加,是区级统筹规划、项目融合,是学校间优化教育资源布局,深化区域合作、促进协同发展。课外体育教育教学不仅在九年一贯制学校一以贯之,而且在小学和初中、高中的连续衔接为教育的可持续发展提供了支持。通过运动项目把各个学校系统连接,把普及与提高落在实处,突出区域资源的整合,努力在重点项目上突破,达到学校体育所要达到的终极目标。

实施课外体育区域一体化的几年来,我区学生体质健康水平不断提高,"国家体质健康测试"指标已达到上海市前列,上海市中小学生阳光体育大联赛和上海市青少年体育十项系列赛的成绩均稳步提高。在2018年进行的上海市第十六届运动会上获得青少年组田径团体第二名,重点项目田径、射击、柔道、拳击、举重、武术、散打、击剑、曲棍球、皮划艇等均取得优异成绩。通过课外体育区域一体化培养已发展成为我区的品牌项目。

四、对我区课外体育一体化发展的建议

1. 完善考评标准。课外体育一体化发展需要保障制度的支持,考核与评价制度的配套。政策的扶持能够推动各所学校在实践中积极主动进行合作,考核与评价指标引导区域学校对标要求,进行操作。

2. 畅通流动机制。建立教育集团内部、联盟学校之间通畅的教师流动机制,形成支教制度,结对帮扶、对口交流,全面提升课外体育教育教学质量。健全区域内学生流动机制,为优秀学生区域学校走训和跨项目发展提供制度保障。构建相配套的区级"一条龙"布局升学通道,为有特长生拓宽升学成才道路,促进各个项目的可持续发展。

3. 完善配套资源投放。呼吁教育主管部门要把场地建设与项目布局相配套,向重点项目倾斜,优先提高优势项目场地硬件,切实加大场地设施建设力度,积极优化布局学校硬件,提高开展课外体育的条件。同时,以"打破围墙、资源共享"的工作思路,盘活区内学校体育场馆资源,统筹体育场地设施资源的管理和使用,推动共享场地设施的有效机制,加大场馆资源共享力度。

4. 夯实校级赛事基础。课外体育区级赛事应有校级赛事做基础,真正实现"人人有项目,班班有活动,校校有特色"。校园课外体育基础扎实,才能促进青少年学生身心健康、体魄强健。

5. 统筹经费使用。根据项目布局规划与学校特色发展,统筹分配布局项目的经费支持力度,通过经费的保障,引导项目的开展。重点项目单独列项预算,专项支出;教育局和体育局联合布局项目,统一管理,综合考量。理顺区级教育财政,提高资金使用效率,对于不在区级统筹的项目,由学校自筹资金。通过一体化规范管理经费,保障区域课外体育活动常态进行。

阅读开启探索之旅,悦读点亮智慧人生

——关于小学生班级读书活动的组织与指导的实践研究

上海市宝山区上海大学附属中学实验学校　杨玲玲

一、研究的意义

作为一位有着多年班主任经历的数学教师,多年的教育经验使我认识到阅读对孩子的重大意义。十多年来,我从引导自己的孩子变为一个爱阅读的人,到引导班内学生,特别是学困生爱上阅读。我发现,加强对学生阅读习惯的培养,引导学生从阅读到悦读的过程,是一件让学生受益终身的事情。

我国台湾李家同教授认为,最基础的学习能力障碍是因为文化刺激少和阅读不足而导致学习任何科目都有困难。苏霍姆林斯基说:"为什么有些学生在童年时期聪明伶俐,理解力强,勤学好问,而到了少年时期,却智力下降,对知识的态度冷淡,头脑不灵活了呢?因为他们不会阅读!"由此可见,阅读对于孩子的学习与发展非常重要。

据测算,我国学生学业不良人数占在校学生总数的6%—7%。根据多年对学生的观察,发现同龄小学生中,学习效率的高低,与阅读能力、记忆力和理解能力等方面存在明显关系。具体表现为,是否读懂题目意思,上课能否跟上老师的节奏,是否容易开小差,作业完成速度和质量是否迅速、优质等。特别是那些缺乏良好阅读习惯的孩子,容易造成学业困难。

在阅读习惯培养等各项活动中,我发现学生喜爱的阅读活动对于不同学生的成长都有一定成效,特别是从小学低年级加强阅读习惯培养,可以激发大部分学生的阅读兴趣,提高学习效率,解决学生学习困难的问题。让大部分孩子主动阅读,享受悦读,有效帮扶学习困难的学生,从被动帮扶到主动预防的转变,值得我们去研究和探索。

二、实践的方法

自由阅读就是无压力阅读,为了兴趣而阅读,与传统的语文教学方法相比,"自由阅读是唯一的方法,使人乐于阅读的同时,培养写作风格,建立足够的词汇,增进语法以及正确拼写的能力"。

为了培养学生良好的读书习惯以及自由阅读的方法,营造书香班级的氛围,尝试从以下几方面入手:

1. 校内阅读习惯的培养。我们开展的校内阅读形式,主要分三种:持续默读、自主选择阅读和广泛阅读。持续默读一般在晨读时间,学生以阅读不同学科课本内容为主;午间休息和阅读课上可自主选择课外书籍阅读;午会课上则广泛阅读,学生推荐自己喜欢的一本书和大家进行交流。以自由阅读的方式,推荐适合学生的书籍,奖励自由阅读的时间和书籍,并教给学生阅读的方法,从而减轻学生的学习压力,激发学习兴趣,提升阅读水平,提高学习效率,形成一个良性循环。此外制作书签、读书摘记交流、演讲比赛、主题队会等各类读书活动的开展,更能激发学生的阅读兴趣。有的学生还特意购买了一百多本书籍,充实班级的图书角,让人感动。我也把自己购置的三百多本适合学生阅读的好书带到学校让学生们选读。另外,充分利用学校搭建的各种阅读平台,鼓励同学们去图书馆借阅,让学生们真实体验到阅读的乐趣。

为了让学生更爱读书,我精心营造班级的书香氛围。读书笔记、读后感、读书方法、读书小报等在墙上"书香小屋"版面宣传展示、图书角的对书籍有特色摆放、"我最喜欢的书"排行榜、阅读专题黑板报等都发挥了它们的渲染作用。

实践证明,校内自由阅读与传统阅读方式比较:持续时间越长,自由阅读发挥的作用越大。超过一年的时间,就会有明显成效。通过长期的自由阅读,学生阅读兴趣得到提升,读得越多,知道得越多;知道得越多,就越聪明;越聪明,自主阅读的时间就越长,从而影响学生一生的发展。

2. 家庭阅读氛围的营造。家长对儿童阅读习惯培养同样不能忽视。父母是孩子的启蒙老师,如果能在阅读习惯的培养上,充分发挥家长的作用,与学校配合,一定能起到事半功倍的效果。我们在"家庭亲子阅读问卷中"发现,有良好阅读习惯的家长,在孩子成长过程中,会比较有意识地带领孩子去阅读。反之,学习有困难的孩子,没有阅读的书籍和习惯,家长也缺乏这方面的意识。

很多家长为孩子选购的书籍,并不是孩子喜欢的,适合孩子的。这就需要老师能有意识地给一些阅读指导,布置一些家庭阅读作业。如,开展亲子朗读比赛、推荐适合孩子阅读的书单、把书籍选购的机会给孩子、营造家庭阅读氛围,成效会很显著的。

学校每年的书香家庭的评比,鼓励着家长参与孩子阅读习惯的培养中来。我们班的"书签换书籍"活动更是成为特色。每周学生轮值,向大家推荐一句名言、一首古诗、分享一个故事或一本书,我把自己特制的读书名言书签作为对学生的奖励,一张书签可以让家长购买一本书,十张书签可以得到老师的一本奖励书籍,并有阅读赠言。

3. 社会读书资源的拓展。作为一名数学教师,在对阅读的具体指导上,专业知识比较粗浅。但这并不妨碍我借助专业的力量。每年,我都会参加上海书展、国际童书展;近年参加了《意林》杂志漂流活动、行知读书会、宝山区图书馆筹办的"儿童文学创作讲习堂",带领着我的学生及家长一起去申赋渔、张弘、殷健灵等一些作家的新书签名推荐会;去嘉定最美的图书馆、苏州的诚品书店、上海的钟书阁、浦东图书馆参观;组织学生在少儿图书馆当志愿者。良好的校内外培育让学生真正体验到读书的乐趣。

三、实践的成果

多年的实践,终究结出成果。我班书香氛围越来越浓郁,爱上阅读和享受悦读的学生越来越多,学习困难的学生越来越少。在学校读书节上,我班学生根据一些经典诗文,编曲传唱的《声律启蒙》节目,收到广泛的好评。在建校十周年庆的活动中,班内学生自发编辑印制了校园诗文《春天的圆舞曲》。虽然学生们写的诗文还很稚嫩,但对他们的成长影响却是深远的。真是阅读开启探索之旅,阅读点亮智慧人生。

作为班主任的我,也成了一个享受阅读的人。从最初的数学专业书籍,到现在儿童文学书籍、各类杂志、青少年心理成长的书籍,文学经典,从绘本到阅读专业指导的书籍,我的藏书从几百本到三千多本,并用 App 建立了一个家庭图书馆,孩子和家人也受到熏陶。我也把阅读活动的思考,写成文章进行发表,使自己的视野得到提升,探索世界之旅走得更加趣味盎然。

四、实践中的一些思考

1. 学生阅读的书籍要丰富。学生的阅读水平差距大,家长对学生阅读指导经验少,因此,学生阅读的书籍选择要丰富、有层次,符合学生年龄特点。对于低年级的孩子,或者阅读水平弱的学生,班级的图书角应该多准备一些绘本等图文并茂、趣味性强的书籍,尽量提高学困生阅读的积极性,降低阅读的障碍,促进学生可以自由阅读,持续阅读。

2. 阅读活动要抓住黄金期。儿童发展有自己的规律,语言的发展有敏感期。我们开展阅读活动,要遵循这些规律,才能科学有效。通过多年的研究,阅读活动开展得越早,养成良好的阅读习惯越容易,效果也更好。阅读活动会将淘气捣蛋的学生,逐步熏陶成能静心阅读,主动学习探索,专心做事的孩子。这种转化,增强了孩子的自信心,自我认同感,也让家长更加支持配合。

3. 教师需要加强专业引领。由于学生阅读能力不足,开始是很难获得阅读快乐的。这就需要教师加强引导,要想方设法让学生体验阅读的快乐。教师的个人魅力和专业素养,会影响阅读活动的成效。比如,向学生推荐《查理巧克力工厂》《爱丽丝漫游记》这两本文字比较多的书籍时,为了激发学生的阅读兴趣,降低阅读难度,就先播放了两本书的电影版,结果学生们争相借阅。

4. 发挥家长培育帮扶的作用。引导家长一起营造阅读的氛围,会让我们事半功倍。校内的阅读活动,因为时间有限,只能是抛砖引玉,家长的配合与支持非常重要。我们不仅要家长激励自己的孩子多阅读,更要鼓励他们多带领自己的孩子去图书馆、书城、书展开阔视野,从而真正走上自主阅读的成长之旅。

现在,各类阅读活动越来越多,书籍也是浩瀚如海。怎样在鱼龙混杂的书海里,发现适合儿童阅读的书籍,这并不容易。孩子阅读的时间有限,还有电子产品的诱惑,这些对儿童培养良好的阅读习惯都有不少的影响。我们需要清醒的头脑、专业的眼光,遵循儿童发展的规律,使得各项读书活动不仅充满趣味性和科学性,还要适合儿童身心发展的规律,从而对儿童未来的发展产生有益的帮助。

回归本来、面向未来

——基于"校内外一体化"的假期活动变革思考

上海市闵行区青少年活动中心　牛　菁

为学生提供优质的校外教育活动一直是活动中心、少年宫这类体制内的校外教育机构的重要使命之一。以M区青少年活动中心为例,2019年寒假为全区提供了五个大类项三十几个小项的活动内容。这些活动涵盖了"科技、体育、艺术、综合实践"等各个方面,为区内中小学近三千人提供了体验学习的机会,暑假活动惠及的学生在三万人左右。

在"让活动中心成为孩子们假期生活的乐园,更是学园"的活动理念下,我们一直寻找"传承与创新"的契机。随着"你好,寒假"项目进入视野,假期生活的变革已经悄悄发生,作为专门为学生提供寒暑假活动的校外教育机构又该如何拥抱这样一场静悄悄的变革,可以有以下四个明晰的路标。

一、回归本原:明确假期生活变革的重要意义

教育是有规律的,这个规律要遵从人的身心发展规律,特别是服从大脑的发育规律。教育依赖于教师的传授,更依赖于学生本人参与其中的活动。当下的校外活动,最重要的是为学生提供个性化的学习空间和资源支持。它与学校教育最大的不同,在于不断创新教学方法及灵活运用有效教学策略。无论是PBL、STEM等项目式学习,还是DI创新思维,都在校内外教育领域开展得如火如荼。这些创新型学习方式,使学生突破传统学习的界限,通过跨学科学习获得能力提升,从而应对未来发展的不确定性。这些学习方式的变革,既是校外教育机构的研究热点,也是学生综合素养提升的重点与关键。随着学习方式的不断创新与变革,"中心"活动的最大特点在于教育层面的理性回归,遵循教育规律,回归到育人的道路上,还原教育的本来

面目。

"中心"通过每一次寒假活动项目的分类统计,了解哪些活动项目受到学生和家长的普遍欢迎,并以此为基础,在下一次寒假生活的活动开发与项目设计中作为参考。同时,为了让家长可以更自主地参与其中,而不仅仅作为孩子参加活动的接送者或活动结果的"评判者","中心"在活动前举行"家长沙龙",主动走近并倾听家长的心声,在以行为变革应对未来教育发展的同时,不断地探寻教育的"本质"。让每一个来"中心"参与体验性课程的孩子都能有"自主选择、自我评价、自我发展"的"三自"学习。"中心"携手一切关心孩子寒暑假生活的个人或组织,积极思考和研究以怎样的活动去激发和引导学生走上自我发展之路。

二、思维解锁:探索假期活动变革的重要路径

在假期活动中,我们需要进行思维解锁,这把锁的名称就叫做"界"。既是假期生活、学习与活动的教育主体之间的跨界,又是"中心"文教结合、体教结合、科教结合、医教结合等活动项目之间的跨界,还是学生"学习生长场域"外延至假期生活的各个方面的跨界。我们已经有了众多"跨界"的活动。

(一) 加强"家校社"协同,增强合力

首先,需要解社会生活各领域之锁。"中心"原有的研究成果表明,跨界而形成的支持系统正在辅助孩子们的寒假学习,对于假期生活多主体的决策、组织、参与、评价等,校外教育机构正在发挥积极的作用。家校社一体化视域下,形成活动主体立体交叉式的社会支持系统来服务于学生的寒暑假生活,这样的"多力共驱、多环交融、多学共长"的学习活动一定能通达儿童精神世界的深处。目前,"中心"在不断提供丰富的校外活动的同时,也停下脚步,反观自身的"界"——我们的活动究竟要达成什么目的,活动有没有达到让学生学会关心和照料自己的"灵魂"的教育目的。就目前情况而言,为学生提供假期活动的主体除了学校、社区、校外教育机构之外,很多家长也会自发地利用自身的资源为学生提供很多的活动。然而这些活动在实施的过程中,存在着众多的散点状态,各个活动之间是否有关联度?活动的设计和实施是否能开展评价?评价标准是否科学适切?活动各主体之间的关系是割裂的,还是需要加强合作与沟通?"中心"所做的一切努力,是否都为学生的自主活动提供了支持和可能?这些问题都需要我们做出科学的预期和发展的评估。以"你好,寒

假!"项目研究为依托,努力实现"家校社"协同视域下的寒假活动一体化设计与实施,对"中心"来说既是一项重要的课题,更是一份职责与使命。

(二) 加强多学科的融合,增强效能

"寻找年味"是一个集历史、地理、文学、信息技术、艺术等多学科于一体的活动项目。学生在活动中查阅、行走、思考、写作、制作,无论是学习策划,还是学会合作,对孩子们来说都是学习的深度体验。目前,"中心"正在策划"从实践活动到研究性学习,再由研究性成果转化成公益服务项目——小先生课堂"的长程式活动构建。这样的项目式学习,将对于不同年龄、不同性别、不同学业基础的孩子来说,都可以是一次"自我能力"的检验、挑战和超越。

三、组织再造:创生假期活动组织的行动变革

每年寒假,"中心"会通过"微信公众号"发布寒假活动信息,M区所有在籍的学生可以通过电子学生证在网上报名参与活动,平台也会收集到所有参加活动学生的所在学校、学生年龄等各类信息。根据M区"校外活动管理平台"的数据显示:参与"中心"开发设计的寒暑假体验性课程的学生人数较多;参与个性化社团课程和深度学习项目的学生人数较少;参与活动的学生年龄偏低,10岁以上的学生人数呈"断崖式"下降现象。尽管这些现象背后有很多不可控的因素存在,但是依然可以给我们很多启发和思考。"传统"的工作重心主要在活动项目的内容设计上下功夫。如今,中心正在对假期活动组织做"流程再造"。

校外教育机构的教师相对于学校教师而言有其特殊之处,即"中心"的很多老师集多种角色为一体,他们既是活动的设计者、组织者、实施者,又是活动的宣传者、辐射者、引领者。如"头脑OM"的老师,他(她)需要独立承担一个区域从幼儿园到中小学各个学段,不同参与学校即区域项目活动的工作。从层级结构的教育组织,到有"教育自觉"的学习共同体,"中心"试图尝试发挥教师的主动性与创造性,为全区中小学生的假期活动,尤其是在明确假期活动目标的前提下做好"顶层设计"。这需要来一场从"思维变革"到"组织再造"的行动革命。做好"顶层设计",激活全区投身于寒暑假活动的教师,共同设计符合全区中小学生发展需要的寒假精品活动课程,形成主题活动的寒暑假自主学习菜单,假期停课不停学。

四、专业自觉：实现假期活动变革的关键所在

"学生假期生活怎么过？"这既需要学校、家庭进行深入思考，也需要社区乃至社会的普遍关注。由于"中心"等教育直属的校外教育机构的功能定位，我们的使命和担当决定了需要把这个课题作为"当下与未来"重要的研究方向。我们无论在课程研发、资源整合还是组织管理等方面，都要全面系统地设计、实施、评价、反思，并加以提升，使之成为实现寒假活动变革的关键。学生的寒暑假生活，占据全年时间的1/4左右，寒暑假学习和生活教育已经成为一个全社会需要共同面对的话题。如何引导孩子"做"假期生活的主人，成为乐于学习、主动探究的学习者，成为一个具有终身学习能力的人。青少年活动中心、少年宫等校外教育机构，应该要有这样的专业自觉，对寒假、暑假这样的"教育空间"有足够的研究意识，并能积极促进"假期教育共同体"和"假期教育新生态"的形成。

寒暑假，孩子们的学习从课堂走向了社会，社会的各个场所都是孩子们"学习"的场域；孩子们从线下走到了线上，"互联网＋"时代，孩子们的学习时间变得更灵活，空间变得更延展。在这其中，家长、教师、学生和社会人士，组成了"教育共同体向学习共同体"转变，校外教育教师应该所处何地？点状散布的活动如何与学生的学校、家庭、社会生活进行自然联结与巧妙融合？如何将现有的项目活动从散点式结构，逐渐向长程式、探究型发展，继而呈现出"深度学习"的状态？如何将已有活动与学科学习紧密结合，即校内外的学习如何有效嫁接与联通？怎样的活动才能真正促进孩子们的综合素养的形成？这是"中心"目前和未来需要加大力度并持续研究的课题。

要改变校外课外活动沦为"学科补习"的现状，"中心"不仅需要开发更多优质的活动资源，更需要通过实践来证明，让更多的家长、老师、学生转变观念，由单一的"学科学习"，转向复杂的"学习科学""科学学习"。通过对前期项目研究成果的梳理，作者发现家长和教师在假期活动中扮演了学生的"同伴""导师""教练"等多种角色，能促进学生的自主学习。已经有个案表明，实践活动与学科学习并不冲突，反之，优质的活动更能推动并促进学科学习。我们还发现，在项目活动中，老师们不再以"惯性"对孩子进行思想教育，对家长提出具体要求，而是和孩子及家长成为"学习伙伴"和"专业支持"。这些都值得校外教育机构在展开"寒暑假活动变革"中不断地学习和借鉴。

运用信息技术推进校外教育"大规模个性化学习"的探索与展望

上海市科技艺术教育中心　王　珏

每个人都是独特的个体,即便是有相同学习经历的同龄学生,其个性、兴趣、能力也会千差万别。在学习型社会和终身发展理念日趋为国家和社会所认同的今天,面向未来的教育呼唤着大规模个性化学习。

作为我国基础教育重要组成部分的校外教育,正在借助信息技术的功能优势,扩大校外教育辐射面,升级个性化教育能效,在校外教育的运行方式转型方面积极地实践与探索。本文将结合本市部分校外教育实践,展望未来的校外教育发展。

一、校外教育发展中的瓶颈问题

青少年校外教育是面向全体学生实施个性特长培养和综合素质提升的教育。对大规模个性化学习的要求天然根植于校外教育职能之中。长期以来,校外教育在追求大规模个性化教育过程中主要受到物理时空的制约。

1."空间"上存在着有限的师资、场地、资源与大规模学生学习需求之间不匹配的矛盾。当前,上海市仅有二十余家市、区级青少年校外教育单位,要同时面向全市十几万名中小学生。在公益化办学的政策环境下,校外教育的师资力量和硬件规模都难以满足全市中小学生的个性化学习需求。

2."时间"上存在着学生发展个性特长的时间需求和较大的课业负担之间的矛盾。学生的兴趣发展需要可自主支配的时空。而当下学生课业负担较重的现状难以在短时期内得到真正的缓解。学生开展兴趣特长发展缺乏整段时间,是当下学生难以长期坚持参与校外兴趣特长学习的主要影响因素。

二、信息技术支持下的校外教育转型实践探索

在新技术迭出的信息时代,校外教育单位主要从以下几方面开展实践和探索运用信息技术实现"大规模个性化学习"的有效路径。

1. 转变学习方式:从"课堂教学"转向"线上自学与线下体验相结合的模块化学习"。传统教育采取的是现场教学、课后拓展的教学方式。这样的方式有三个弊端,一是学生须投入较高的时间成本,受制于学生有限的可自主支配时间。二是校外项目因实践性一般采用小班化教学,限制了大规模个性化学习的实施。三是校外教育的对象来自各区、各校、各学段。学生的起点水平差异大,使教师在有限的课堂时空中实施分层教学、因材施教的难度很大。

为应对上述问题,近几年校外教育单位纷纷建构起线上线下交融的大规模个性化学习平台。在线上提供知识学习资源模块(如微课、慕课、直播等),在线下配套可自主选择的翻转课堂、实践体验活动。以此辐射全体学生,提升学生自主选择和主动学习的能力,打通学生知识学习与个性化实践的自主建构闭环,让学生利用碎片化时间自主学习成为可能。

2. 转变同伴学习方式:从"实体社团"转向"开放性在线虚拟社群"。校外教育长期致力于指导学校和区域学生兴趣社团。学生社团组织方式的优势在于让兴趣相投的学生结成学习同盟,互促共进,实施精准培养。因此,让更多兴趣相投的学生结成学习同盟,对学生坚持发展兴趣特长是非常有意义的学习组织形式。

全市多家校外教育单位探索构建在线虚拟学习社群,并通过一系列运行激励机制,引导有相同兴趣爱好的学生突破地域和时间的限制,在虚拟社群中围绕兴趣项目的学习展示分享、密切交流。通过运用信息技术的策略,消除了时空对学生同伴教育的局限,以开放的在线虚拟社群对学生社团进行升级赋能,将大量跨学校、跨地域的学生汇聚在一起,开辟多样化的同伴互学渠道,丰富同伴教育形式,加强了同伴互学、互助、互勉的育人效能。

3. 转变评价方式:从"侧重结果评价"转向"大数据支持的个体学习轨迹记录与建议"。具体可见的实践成果和获奖等第是传统校外教育考察学生学习效果的主要指标。校外教育的实践性、活动化属性以及校外教育对象的多元化致使传统校外教育的评价往往更多关注学生的成果,而弱化了对学生学习过程的生成性、发展性评价指导。

从成就学生的人生成长的教育使命出发，校外教育理应对学生个性特长的终身发展提供指引。阶段性的成绩只是对学生学习阶段成效的评价，而给予学生个性化成长轨迹的分析可以为学生规划更为长远的发展路径提供有意义的指导。据此，多家校外教育单位通过多年的实践研究，构建起基于大数据分析的学生个性化发展评价系统。通过对学生线上线下学习经历、成果和感受的记录与分析，为每位学生提供个性化的学习轨迹分析，让学生对自己的成长过程、优势发展区、学习有效性等情况都有了较为整体和清晰的认识，帮助学生根据自身实际调整学习计划，规划学习路径，获得人生成长。

4. 转变资源配置方式：从"地域性小范围结对"转向"开放式网络平台资源共享"。社会教育资源的整合利用是校外教育的重要职能之一。整合校内外教育资源精准对接学生学习需求，需要校外教育充分发挥自身的创新力和能动性。多年来，大量的特色实验室、社会场馆、名人名家和行业达人都在校外教育单位的努力接洽下与学校、社团达成合作，为学生的全面、多样发展提供了卓有成效的支持。

近年来，多家校外教育单位启动了开放式的资源集聚与辐射平台建设。面向更广域的师生开放教学资源上传和下载，面向更大范围实现学生和社会教育资源的双向对接。丰富可选的资源平台让资源的辐射共享变得更为快捷精准，为学生自主选取个性特长发展所需资源提供极大便利。

三、信息技术支持下的校外教育"大规模个性化学习"运行方式的展望

立足学生的特长发展和人生成长，展望信息技术支持下的校外教育，通过内容架构、学习形式、同伴教育、评价导向、资源整合等各板块之间的衔接互动，共同发力，构建起大规模个性化学习的良性运作链条。

1. 以跨项目组合式课程体系为内容支架。传统的校外教育以单一项目系统课程为主要教学内容。随着课程理念的发展，校外教育人开始探索打破项目间的学科壁垒，将有相同基础或能力发展目标的项目从单项纵深学习向多项目横向衔接、纵向贯通的组合式课程体系转变。这为大规模个性化学习提供内容支架，为线上和线下的模块化课程的建设奠定基础。

2. 以线上线下融合的学习方式为育人载体。线上学习平台为学生自主学习提供虚拟时空，线下菜单式实验室实践活动为学生实践学习提供物理空间。线上线下

结合的学习方式,为学生大规模个性化学习提供宽广平台。

3. 虚拟学习社群提供驱动力。一是驱动学生自主学习。学生在虚拟学习社群中参与教师发布配套线上活动,反馈学习效果,进行同伴教育。二是驱动教师完善教育内容和形式。教师根据虚拟学习社群中获取的学生学习反馈,完善线上学习内容配置,合理设置线下活动菜单,完善教学内容和策略。虚拟学习社群为大规模个性化学习的持续优化提供内驱动力。

4. 基于数据的学习经历评价发挥导向功能。一是引导学生长期发展。以个性化的学习经历评价,引导学生形成正确的自我认知,培养特长与志趣,实现人生成长。二是引导课程优化发展。通过大数据分析,对学生群体的成长轨迹、学习习惯、学习成效进行跟踪研究,促进校外教育课程内容完善和学习方式的变革。

5. 开放的网上资源平台提供丰富资源支持。以开放的网络平台,接入校内外、社会各界教育资源,降低师生获取资源的成本,提高资源精准对接的能效,为大规模学生的自主学习和教师的教育实践提供有力的资源支撑。

四、结语

作为学生个性特长发展的主阵地,校外教育已然主动拥抱教育信息化新时代,发挥信息技术优势,破解物理时空局限。校外教育人优化课程体系,转变学习方式,升级学生组织形式,革新学习评价理念,提升资源整合和精准配置能级,运用信息技术工具激发校外教育新的增长点。展望未来,在信息技术支持下,校外教育将以大规模个性化教育的全新样态发挥出更加瞩目的育人价值。

开启"博物馆之旅",打造"第二课堂"

上海市长宁区实验小学　王　荔

博物馆是国民教育的"第二课堂",是连接过去、现在和未来的桥梁,也是不同文化汇集交流的殿堂。如今,博物馆以其得天独厚的教育资源逐渐成为重要的社会教育阵地,在补充和延伸学校教育方面发挥着突出的作用。为贯彻落实社会主义核心价值观,以博物馆为载体丰富学生的课外活动,我校结合"让儿童充满生活力"的办学理念,着重打造了"博物馆之旅"特色课程。

一、课外活动存在的现状

课外活动在小学教育中具有特殊的意义,这种教育活动的特殊形式,促使小学生的创新精神、实践精神、动手能力得到了实践,可以通过培养使其广泛发展。可以说,课外活动已经成为小学教育中举足轻重、不可或缺的一环。

目前,课外活动存在活动时间难以保障、活动形式比较单一、活动效果不尽人意、活动能力相对薄弱等情况。组织学生开展主题式、体验式、探究式的课外学习活动,创设宽松、愉悦的氛围,让学生在"乐中学""玩中学"是非常有必要的,"博物馆之旅"课程的实施就是如此。

二、"博物馆之旅"课程实施

（一）实施途径

1. 必修课程引领

学校结合特色基础性课程和校本课程,制订了一年一次的必修课——博物馆之旅主题探究活动课程,并设计出相应的活动菜单,涵盖传统文化知识、国家发展历程、城市面貌发展等各方面的场馆。

年级	活动场馆	活动地点
一年级	长宁民俗文化中心	北渔路95号
二年级	上海儿童博物馆	宋园路61号
三年级	上海中医药博物馆	蔡伦路1200号
四年级	上海龙华烈士纪念馆	龙华西路180号
五年级	上海城市规划展示馆	人民大道100号

2. 个性课程自选

除了必修课程外,学校围绕"博物馆之旅"这条主线,以红、绿、蓝三基色为载体,精心打造了"红色"——革命历史类博物馆;"绿色"——科技创新类博物馆;"蓝色"——艺术人文类博物馆三个主题系列的选修课程。每到寒暑假,学生可以自主选择感兴趣的博物馆主题课程,低年级学生与家长"大手牵小手",开启亲子探究之旅,中高年级充分发挥少先队员的自主自动精神,自发成立"假日小队",自由制订个性化"旅程"。

(二) 实施原则

1. 分层性、适切性

根据不同年龄层学生的认知能力和水平,确定活动菜单;根据学生的学习基础和特点,制定活动目标。

小学生的认知特点有着从无意到有意、从粗略到精确、从具象到抽象的发展过程。以必修课程为例,低年级学生感知能力较弱,注意力易分散,处于具象思维阶段。民俗文化中心、儿童博物馆贴近生活,馆内哈哈镜、月球车等童趣设施及皮影戏、模拟发射火箭等活动,让学生在观察、体验中接受民俗教育,激发科学想象。

中高年级学生自主意识开始萌芽,注意力较集中,逻辑思维逐步增强,中医药博物馆、烈士纪念馆、城市规划馆馆藏丰富,学生充分发挥主观能动性,在真实情景中发现、探究,传承历史、放眼未来。

2. 趣味性、教育性

建构主义创始人皮亚杰说过:"教育的首要目的在于造就有所创新、有所发明和有所发现的人,而不是简单重复前人做过的事。""博物馆之旅"课程是为了引导学生探索古今,构建新的知识体系,提高解决问题的能力,趣味性和教育性不可或缺。

3. 实践性、多元性

鼓励学生亲身实践、发现问题、寻找答案，在体验中收获，在探究中成长。课程评价主体多元、课程评价方式多元。

线下：以主题活动作业单的形式完成过程性评价，学生不仅记录学到的知识，而且体现了参与活动的态度，其中有学生自我评价、同伴评价，也有家长、老师的评价，参与校外实践活动时，基地、场馆人员也给予评价。

线上：学校与第三方开发了"小脚丫徽章"App，可对学生"博物馆之旅"的课程学习进行线上评价。

（三）实施步骤

1. 自主学习，分工筹备

活动前，学生自由组建小队，确定分工，根据个人特长和兴趣爱好选出队长、摄影师、记录员、资料收集员、资料整理员等成员。小队成员自主学习博物馆的相关资料，确保对该博物馆的历史、藏品等有一个初步的了解。根据感兴趣的问题或方向合作设计制作小队的"探究任务单"，确保有针对性地进行学习参观，而不是盲目地走马观花。

2. 自我管理，探究实践

活动时，以小队为单位展开合作探究。在"任务单"的启发下，学生细心观察、认真记录、积极讨论、勤于思考，化被动学习为主动探索。

3. 自信表达，积淀成长

活动后，在班级内以媒体展示、小品表演、故事会、辩论会等多种形式分享小队的学习成果，在积淀中收获自信与成长。

三、"博物馆之旅"课程成效

1. 形成家校合力，彰显协同育人实效

有效发挥学校教育、家庭教育的合力，帮助学生健康成长，是学校和家庭的共同希望。在"博物馆之旅"课程中，学校构建起家校育人共同体，充分开发和利用家长资源，积极邀请日常工作涉及或有兴趣专长的家长莅临，开展专业化的指导，使家长的身份不仅仅定位于课程的陪伴者，更是课程的引领者。"以学生探究为核心，以学校教育为主导，以家庭教育为助力"的家校育人协同机制在这里得以完美体现。

对学校德育与少先队工作而言,鼓励家长施展所长为学校课程建设、活动开发谏言献策和发光发热,也是构建"三位一体"格局、营造协同育人氛围、彰显协同育人实效的有效抓手。

2. 完善课程设计,提升教师专业素养

"博物馆之旅"课程打破了学科间的界限,对教师而言,首先,要对博物馆有充分的了解及丰厚的知识储备。小到设计什么问题让学生去思考和观察,大到如何激发学生的学习动机,教师们始终致力于引领学生的认识走向思维的更高处。其次,要有探究的能力和项目化学习的意识。如何将博物馆资源与学科课程、学生的需求和兴趣紧密结合,是教师们在课程设计与完善的过程中不断思索的问题,也促使着他们持续提升自己的专业素养,成为一专多能的人才,从而丰富学生学习经历,提升学生的人文素养,让学习走向更高更深处。

3. 秉承传统文化,锻造学生核心素养

学生通过实地参观,了解博物馆相关知识,拓宽视野,获得历史、人文、科学等领域的体验。通过观察、比较、思考,发现和提出问题,产生探究兴趣,培养收集、处理和运用信息的能力。通过合作探究,尝试解决问题,培养主动探索、自主创新的能力,树立珍爱生命、展望未来的责任意识,增强民族自豪感与责任感。在活动过程中,逐步明白中华文化的独特创造、价值理念、鲜明特色,树立起积极向上的个人理想,自觉将个人理想与祖国发展紧密联系起来,为个人幸福、社会进步、国家富强而不断成长。

4. 促进亲子关系,优化家庭教育方式

亲子活动,是父母与孩子最好的沟通机会。每一次开启"博物馆之旅",家长以志愿者或同行者的身份参与,不仅了解了课程的活动意义、方式和内容,与孩子之间也产生了更多的共同话题。在一同探究的过程中,孩子的心情发生着变化,说的话语也会比平时更多,这时候更容易接触到孩子内心的想法,亲子距离在互动和沟通中被无形地拉近了。与此同时,课程实施过程中,老师还向家长渗透和传递着正确的教育观念,能较好地帮助家长转变教育观念、提高教育水平、优化家庭教育方式。

"博物馆之旅"课程打破了学习时空的边界,学生走出教室,走进社会大课堂,在课外活动中自主探究、多元发展,让学习真实发生。寓教于乐的同时,培育了学生的核心素养,也让家长、教师和学校多方受益、共同成长。

基于核心素养的校外教育微课程探究

——以彩泥课微课制作为例

上海市闵行区青少年活动中心　盛欢欢

2016年9月《中国学生发展核心素养》正式公布。核心素养是培养"全面发展的人",指学生在面对社会实际情境时,综合运用知识技能解决问题的能力,强调学生适应社会和个人未来发展所必备的品格和关键能力。

《教育信息化2.0行动计划》指出,在教学过程当中,较全面运用新媒体、移动网络、计算机等技术指导教学。在这种形式下,教育信息化为广大学生提供了广泛的教育资源,同时也丰富了学习的方式,提高了趣味性、效率性、教学内容的丰富性。校外教育也应迎合这股"东风",利用微课程的教育方式将个性教育、创新教育、融合教育更好地在教学实践中体现,助力学生的核心素养。

一、基于学生的核心素养培养的校外教育微课的意义与价值

随着社会的发展,校外教育的理念也需要随之发展,校外教育的目的是为了培养学生的兴趣爱好,促进学生的全面发展。校外教育微课的开发可以让处于新时代的校外教师掌握信息技术,了解和认识新的教学模式和教学方法。

微课是校外教育实施课程化建设的重要手段。对于学生而言,微课可以提升学生的自主学习能力,让学生能够自行获取大量新知识。校外教育基本都是每周集中活动一次,而微课能让学生在家里反复观看,更好地掌握教学难点、重点。跨龄学习是校外教育的常态,年龄小的学生觉得课堂教学太难,而年龄大的学生则会认为过于简单,微课能让低龄学生更好地掌握知识点,而高年龄的学生可以提前复习,提高学习质量。校外教育微课的开发会逐步建立起区域科技、艺术、群文教育的教学资源库,以利于教师和学生的共同发展与进步。

二、基于学生核心素养的校外教育微课开发原则

（一）微课不能脱离整体课程框架

当前的微课资源构成比较单一,大部分为学习片段或某个知识点,没有整体性,对学生系统性学习非常不利。因此,微课开发应遵循校外教育的实施原则,有目的、有计划、有组织地设计微课,从课程大框架到每个知识点都涵盖,具备整体性。

（二）微课开发主题要明确

基于核心素养的微课开发还需要遵循情境性原则,要注重主题明确的教学情境,不能单一地突出教学知识点,应该创设学生感同身受的教学情境。

（三）微课开发内容要精炼

微课开发不仅要遵循系统性原则,还要体现聚焦性,也就是短小精悍的原则。一般微课在10分钟左右,在这么短的时间内,内容要精炼,着重突出教学难点或重点。

（四）微课开发要突出融合教育

为了凸显校外教育的特点,微课设计不单单是本节课程的内容,应结合其他课程,让学生在学习的过程中打破学科边界,涉及更多的知识,更好地培养核心素养。

三、基于学生核心素养的校外教育微课开发流程

中山大学王竹立先生说过:"微课热是暂时的,微课却是长期的。之所以是长期的,是因为微课符合了网络时代学习碎片化的需要。"因此,微课是一种趋势。

（一）微课的前期设计

微课程以微视频为载体和核心,同时包含与微视频对应的微课件、微教案、微学案、微试题、微反思及教师的总结与评价等。基于核心素养的校外微课还应考虑到学生的自主性、实践性与创新性等。在微课开发时,对微课采用的形式要合理选择,为后续的开发做好准备。分析学习的特征、教学内容等。再对学生的情况深入

了解,着重了解他们已具有的本课程认识水平与风格,以及学习需求、信息化能力与可拓展的核心素养。

在进行《愤怒的小鸟来了》彩泥课程时,我采用了录制范例的方式进行微课课程的设计。微课录制前,我在班级微信群里抛出三个问题:鸟类为什么越来越少?生活中的三角体有哪些?自己尝试着制作三角体。这三个问题是让学生自主寻找答案和尝试制作,学生在前期查找资料和制作的时候固然会碰到一些问题,而这些问题正是他们在微课学习上的关注点,这些问题都会在微课中得到答案并且解决,引导学生自主学习、探索未知。在上课过程中,组织学生与学生之间、学生与家长之间共同制作,培养学生的合作能力。课后,我在学生群里布置了"我们该如何去保护大自然?"和"说说我做的小鸟"两个问题,学生将回答反馈到群里。通过这样的形式让学生感受到彩泥课不单单是学做一件小作品。前期准备时,学生会自主学习、探究"小鸟为什么会变少?""变少的原因是什么?";在上课的过程中,学会与同学、家长交流、合作,一起完成本节课的教学目标、解决教学难点,通过教师的引导,激发想象力、创造力;在回课的过程中,学生不单单是把作品完成,更重要的是在制作过程中将想法和思维通过语言表达出来,这不仅提高了学生的动手能力,还培养了语言表达能力,真正做到了提高学生的核心素养。

(二) 微视频的制作工具及方法(拍摄、后期)

目前,微课程的制作方法有很多,技术上也不难。一种是利用智能手机拍摄;二是通过录屏软件制作;三是专业摄像机进行实地拍摄。以上三种方式都需要技术、人力和资金支持,并且需要后期处理。第一种利用手机拍摄的方式是投入最小而效果最好的。第二种录屏软件的制作方式有其局限性,适合PPT讲解、电脑操作、建模等,这里推荐一款录屏及声音的软件——Ocam录屏软件。Ocam软件功能十分强大,不仅能进行屏幕的录制,还能够进行屏幕自定义的截图。第三种拍摄方式一般需要教师配合电子白板进行讲授,利用专业摄像机和灯光进行拍摄,在资金和人力上要求很高。而网课一般在平台上播放是经过压缩的,这样在网络云端不会占用更大资源,一般10分钟的课程只有50 MB左右,所以这种模式除非有特殊要求,一般也很少运用。

微课须要适用于移动设备,所以要求资源容量较小并且制作简单实用,故推荐第一种拍摄模式,利用智能手机进行拍摄和后期处理。现在的智能手机像素已经达到4K了,在一般拍摄时,只需要1 920×1 080即可,尺寸为4∶3或者16∶9皆可,只要一个手机架和光亮充足的地方就可以进行拍摄。拍摄完成后可以在手机里进行后期处理,推荐 App"快影"。菜单栏中包含"剪辑""贴纸""特效""音乐""字幕",这是一款功能非常全面的 App。可以实现添加背景音乐、字幕、导入图片等功能。等编辑完成后导出需要的视频大小即可。

(三) 微课数据库的建立

校外教育机构应建立自己的微课数据库,不仅将自己单位的优秀课程融入进去,也可以将其他学校优质微课引进来,建立微课学习平台,不仅能让学生得到很好的学习平台,也能让教师在平台上有所收获。微课程的共建共享是帮助学生个性化的学习,提高学生的核心素养,也在一定范围能够照顾到学生个别化差异,让各个层次的学生都学有所得,同样也是实现教学教研共建共享的一条较好的途径。

四、校外教育微课设计与制作的展望与反思

微课的开发具有十分重要的意义,教师应在开发初期认真分析和研究,选择合理的教学资源,并对所选的知识内容进行设计,让学生能够通过微课的学习有所收获。校外教育者更应该拓宽思路,将微课融入校外教育教学中,开启混合式学习的教学,让学生掌握知识,激发创新能力,提升核心素养。

关注师德　夯实技能　强化项目指导

——青少年活动中心青年教师培养的实践与思考

上海市松江区青少年活动中心　干桂凤

随着校外教育功能的转变,对教师提出了更高要求,要适应资源协调、活动管理、服务指导等校外教育新要求。而青年教师在当前教育教学中发挥着主力军的作用,不仅承担着教学、科研、服务等任务,还肩负着文化传承与发展的重任。可见,青年教师要适应当前校外教育的新任务,充满着艰巨的挑战。

一、背景与现状分析

我区青少年活动中心现有在编在职教职工46人,其中教师44人。教师队伍中40周岁及以上教师32人,其中高级教师9人;40周岁以下青年教师12人,其中高级教师1人、中级教师6人、初级教师4人、见习教师1人。以上数据显示青年教师的职业发展程度较低,发展速度普遍较慢。

针对中心目前师资情况进行深入分析,中心教师队伍发展出现以下问题。

(一) 青年教师职业发展不稳定

中心有些青年教师思想上不够积极上进,安于现状。有的认为自己是校外教育老师,和校内的要求是不一样的,主动降低对自己的要求;有的青年教师只注重自身专业追求,不追求教师身份的职业发展;有的青年教师只愿做好自己分内事,不愿多付出、多奉献。青年教师在思想上的懈怠,对中心的可持续发展极其不利。

(二) 中青年骨干教师出现断层

中心资历深能力强的学科专业骨干教师主要分布在年长的中高级教师中,他们能起到很好的带头引领作用。但是中青年教师中,则鲜有能引领学科发展的教师。中青年教师出现学科骨干的断层,这将影响中心校外教育优势项目的传承和发展。中心的年轻教师大多是艺术教师,工作时间和教龄短,在艺术专业的发展上资历尚浅;在教师教育教学能力的发展上与学校教师也存在一定差距。因此中心的年轻教师中,缺少能够引领大家成长的"领头羊"。

(三)青年教师工作积极性较难调动

目前上海的校外教育体制虽有其优越性,如建制完善、经费有保障等,但是其缺点也是显而易见的,如每个区往往只有一个公益性质的青少年校外教育机构(青少年活动中心或者少年宫),教师承担的工作任务均是独当一面,一个人说了算。鉴于每个区域的特殊性,对其工作评价缺乏比较,难以形成竞争机制。没有竞争,教师专业发展的内驱力就难以激发,工作积极性较难调动,给教师管理和师资队伍建设带来了不少困难。

二、以青联会建设为抓手,净化青年教师思想

我们把单位40岁以下青年教师组织在一起,成立了"青联会",在党支部引领下定期开展学习、服务、实践锻炼等活动。

(一)关注思想引领

当今的社会价值取向趋于多元化。一些青年教师对于党的路线、方针、政策的理解程度不高,对于党的形象还缺乏应有的认同,从而导致基层党组织对青年教师缺乏足够的影响力和凝聚力。因此,党支部工作中的一项重要任务就是抓好青年教师的学习,通过学习提升青年教师的思想境界和修养,培养其坚定的理想信念。党支部专题党课邀请青联会教师一起参加,定期组织青联会教师开展读书活动,学习马克思列宁主义、学习习近平新时代中国特色社会主义思想。要求青年教师把立德树人融入教书育人全过程,引导青年教师在自己的教学实践中不断强化理想信念,并把这些理想信念作为强大的正能量影响学生。

(二)关注活动体验

青联会成立志愿服务队,坚持志愿服务与校外教育日常工作相衔接,有针对性

地设计项目,开展活动。如赴社会福利院分院,青年教师志愿者们献上了一台"庆祝重阳节"的文化义演节目;"六一"国际儿童节赴辅读学校与孩子们一起欢度"六一";春节来临赴居委会开展"写春联 送祝福"活动。青年教师坚持志愿服务与实现个人发展相统一,在为他人送温暖、为社会做贡献的过程中践行"我为人人,人人为我"的服务理念。

此外,我们关注文化育人、活动育人。党支部牵头组织青联会开展"叙述教育故事"活动,通过一个个励志而精彩的教育故事、骨干教师的成长案例,给予青年教师影响,增强他们职业认同的正能量,提高他们职业价值的荣誉感。通过开展"厨艺比拼""中心好声音""野外挑战"等文化修养及团队拓展活动,提升教师文化素养和审美情趣,提升组织凝聚力。

一系列的举措,让青年教师在师德上锤炼、在政治上约束、在理念上提升、在行为上引导,使青年教师带着崇高的职业道德投身于培养合格的社会主义建设者和接班人的育人实践中。

三、以中心内涵建设为基础,夯实青年教师专业技能

(一) 制定规划,明确发展方向

中心青年教师毕业于不同的专业院校,他们专业背景各异,层次高、专业性强,富有青春活力,求知欲望强。对此,中心根据教师专业发展需求并结合对青年教师的师德修养,帮助青年教师制订《个人专业发展规划》。规划周期为两年,包括政治修养、专业知识学习提升、专业基本功训练、校本研训等。教师成长规划既是青年教师成长的压力源,更是青年教师成长的助推器。

(二) 持续实施"青蓝工程"

青年教师培养工作的目标简而言之就是德才兼备,把青年教师的师德培养与业务发展有机结合起来。青年教师上岗后,党支部就为他们选定教育教学师傅。师傅一般为教学骨干中的党员,定期开展谈心谈话,引导青年教师向党组织靠拢,同时在工作中师徒双方定期进行学习交流,探讨教育教学案例,研磨课题教学等。在"青蓝工程"结对过程中,师傅用自己的实际行动影响青年教师向善、向上;青年教师在师傅感染下不断地提升职业素养和专业技能。

(三) 搭建专业成长平台

由于大部分青年教师是非师范类专业毕业,他们对于教育学、心理学等知识技能掌握相对比较欠缺,驾驭课堂能力相对较弱,这对于他们的成长来说是非常不利的。于是,我们通过搭建专业成长平台,不断地优化完善青年教师个人知识结构,夯实专业技能。围绕教师文化素养、专业技能、教育科研,制订了青年教师成长"三个一",每年撰写一篇读书札记,强化理论积淀,奠定文化根基;每年在组内承担一节教学研讨课,感受教育的魅力,夯实教育基础;每年递交一篇教育教学案例,加强及时反思,研学并举促成长。此外,定期开展说课、观摩课研讨、小论文撰写等评比活动,在专业实践锤炼中提升技能,促进职业认同感、光荣感,形成正确的人生观、价值观。

四、以打造高品位项目为任务,提高青年教师组织管理能力

校外教育具有"实践育人、活动育人"的优势,这就要求校外教育工作者多研发出耳目一新、深受孩子喜爱的活动项目。

为此,我们要求每位青年教师负责开发或者参与一个活动项目,内容涉及体育类、艺术类、科技类等,要求项目活动中学生参与人数多、受益面广,同时鼓励设计多学科、多部门融合的创新型项目,为青少年成长搭建展示锻炼的平台,不断提升项目内涵品质。中心鼓励青年教师每人结合各自专业所长,开发一个活动项目,大胆实践。党支部对于成长较快的青年教师重点关注、重点培养,鼓励他们发挥示范引领作用,勇挑重担。在实践过程中把青年教师送出去拜师学艺,参加全国市级各类培训,积极搭建交流展示平台,对于有发展潜力的项目给予更多政策资金上的支持。目前,中心 OM 比赛已登上国际舞台,学生交响乐团定期举办专场演出,"校园十大歌手、十大器乐手、十大舞者"品牌项目,在青年教师引领下品质不断提升,影响力不断扩大。

青年教师在活动项目开发实践过程中,要设计出合理可行的活动方案;要融合协调多方面力量的支持配合,保证活动实践的顺利;要做好孩子的安全保障,做好多个预案以应对突发情况;遇到专业性的问题要悉心请教专家、反复钻研。在活动组织开发及管理过程中,教师组织协调、管理服务等综合能力得到不断提升。

校外教育经过多年的发展,已经走入深水区,各项工作环节都需要整合完善、创新突破,这是时代赋予我们校外教育工作者的艰巨使命,也是对校外教育工作者的极大挑战。

KOOV 编程机器人校本化教学探索

索尼(中国)有限公司　陈立涛

在学校开展 STEAM 教育,编程课是个不错的选择,而开展普适性编程课程,制作动画可能会成为首选,由于各种条件的制约,选择编程机器人是一种大胆尝试。KOOV 编程机器人其编程和模块搭建均可以在教师的可控范围之内,系统的线上课程和比赛体系都能够给教学提供优秀的借鉴。

然而,KOOV 所开发针对 C 端的 App 课程并不适用于普适性课程,其他三方课程亦是如此。而开展校本化教学的初级阶段所面临的困局原因多样,硬件设施不够、课程引领不足、评价体系不全、教研无法开展等。如何解决这些问题使之顺利进行呢?

在经历多次比赛和充分研究 KOOV 的线上课程之后,形成初步的想法并取得一定的成效。将基础学科知识和节能辐射到编程学习中,让学生有可以靠一靠的"墙";借助线上课程的引领,让学生有可以看一看的"榜样";借助教师的课程再造,让学生有可以试一试的"跑道",使 KOOV 编程机器人课程在校本化的过程中真正契合广大学生的学情。

一、线上课程延伸为校本课程要点

基于 KOOV App 中进阶教室的课程以及三方编写的课程的特点,结合学校教学的实情,编程机器人普适性课程有四个要点:

1. 轻结构搭建,重编程思路。鉴于小学课程 35 分钟的时间限制,搭建结构的时间需要相对减少,在教学设计时更注重编程思维训练,给学生更多的时间、空间去理解编写程序的逻辑。

2. 先模仿,再改动。在教师的引导下理解编程功能块的意义,或学生自主学习相关知识之后,根据相关学习任务驱动完成模仿创作。模仿是学生对基础知识认知到感悟再到运用的一个过程。另外,教师要适当引导孩子改动部分数值或选项进一步体会,巩固学生的基础知识。

3. 殊途同归。利用不同的编程方法,解决同一个问题。可以将学到的KOOV编程功能块灵活运用,尝试举一反三,鼓励用多种方法实现同一个功能,并且相互分享,开发学生的思维。这需要教师对功能块有较多的研究,在教学实践的过程中要采取多样的手段。

4. 立足实际,学科融合。编程赋予机器人"生命"以更好地解决生活中的实际问题,因此,在设计情景和驱动性任务时,以生活中真实的情景激发学生的学习兴趣,给学生更开放的设计空间。这点在KOOV的进阶教室中,有很多优秀的做法可以进行挖掘和转变。同时,将其他基础学科知识在教学实践的过程中与KOOV的产品特点进行融合,使学生更有效率地进行活动。

二、普适性课程探索与再造

(一) 教学手段

1. 主题激趣,设计有梯度的学习内容

(1) 构建课程的原则。秉承上述的"轻结构搭建,重编程思路"的要点,构建课程首先考虑所选的主题是不是大部分学生都具备相关的生活经验,能否描述有关的现象。其次是课程能否够持续推进,课与课之间保持内容上的连贯,尝试结构搭建前后关联,程序编写由浅入深、由易到难。另外,以故事性、游戏化的形式呈现更能够激发学生的学习兴趣。

(2) 实践课程的原则。普适性课程面临的是不同能力的学生,基础学科优良的学生未必能够在学习编程机器人的过程中表现得更出色。基础学科知识掌握的情况可以作为参考对学生进行分组,通过小组合作让能力较强的学生带动能力较弱的学生,保证学习效果。

2. 学科辐射,体验有温度的学习过程

众所周知,STEAM代表的是科学、技术、工程、艺术人文、数学,但是,小学阶段的孩子要融合多种学科尚有困难,通过教师的引导借助基础学科知识帮助学习编程机器人能够让学习过程更有温度。例如,红外线传感器、光敏传感器这类需要取值范围的电子元件就需要理解数学学科中的">""=""<"这些运算符,由于在解决现

实问题中,取值范围是根据环境设定的,那么学生在选择数值时,能力较弱的学生往往因为取值范围的抽象而不能决定,这时可以借助数学学科中的"数射线"来帮忙,通过数形结合来帮助学生进一步理解 KOOV 中的运算符功能块。

又如,KOOV 的诸多编程功能块对学生的阅读理解能力是一种考验,尤其在中期的学习过程中产生嵌套的情况,学生容易产生为难,这又是对语文逻辑的考验,阅读程序训练也许是不错的解决方法。再如,小学信息科技学科有学习图形软件的单元,将该学科中学习的 Word 表格和 PPT 演示功能来呈现探究的过程,作为学习 KOOV 的辅助工具,将事半功倍。通过各类基础学科知识的支撑,给学生在学习编程机器人的过程中营造软着陆的空间,以学科辐射让他们体验有温度的 KOOV 课程。

3. 工具辅助,积累有厚度的学习成果

(1) 学习任务单。探究学习离不开学习任务单。它从学生的角度出发,围绕教学目标,以解决学习中的重难点知识为原则,将任务分层细化,辅助学生,引导学生有正确的方向。学习任务单应该包含任务明细、知识要点、回顾练习和部分情感态度价值观的评价。任务单亦可作为学习成果保存,随着课程的学习,不断累积。

(2) 思维导图。在分析问题的过程中,思维导图可以细化步骤,帮助学生梳理步骤,实现逐步分解问题、推进问题、解决问题。小组合作中,分别建立思维导图,有利于学生在讨论中相互学习,独立制作时思维导图有利于作品的规划。

(3) 互动工具。在编程机器人的教学过程中,由于小组合作的局限性,个人的看法往往有局限,每组学生在内部统一学习成果的同时,还要学习他人的学习成果,信息技术可以很好地解决学生互动和展示的问题。通过电子教室、投屏等多种实时互动设施,让学生能够高效地分类、分析、分享学习成果,也可以通过 KOOV 自有的展示平台,作为互动的手段。

(二) 教学组织形式

1. 课堂教学。以下为一堂普适性课程的教学实录,课题《扫码支付》是借鉴了 2018 RoboRAVE 亚洲公开赛 KOOV 专项赛《无人超市》主题,以学生熟悉的扫描二维码作为内容,这节课的目标是让学生用新的功能块弥补程序上的漏洞,并尝试用多种方法来解决识别二维码,组织形式上借鉴了"切块拼接"小组合作形式。概况如下:当孩子们共同面对课题时,先通过一张学习任务单让孩子们在学习目标方面快速地达成一致,随后在同一时间内,四个孩子完成各自的任务并和组员合作。每人任务分配如下,A 同学:负责搭建程序框架以及连接设置。B 同学:和 A 充分沟通并负责电子元件的连接。C同学:到指定区域学习一段声音程序,并带回组内。D同学:负责填写任务单中的相关内容。通过将小组的切块再拼接,以提高学生的参与度。第一阶段:使扫码装置正常运作,能够识别二维码并有提示音。第二阶段:学习新的功能块来解决程序上的漏洞,优化装置。第三阶段:尝试在之前的基础上用多种编程的方法来实现同样的功能。

2. 社团教学。社团活动是课堂教学的拓展,学生的创作环境相对课堂教学更自由,难度可以更高。社团活动的主要内容就是专攻主题,研究比赛内容。社团课也是教师大胆实践不同教学手段,开发新课程的试验田。社团活动的时间比较充裕,学生有足够的时间去想象、思考、创新。社团教学面临两种特点,一是学生特点:混龄教学,学生能力强,比赛为出口;二是课程特点:单课时较长,比赛主题为核心,进行项目式学习等。个人创意引导与团队合作训练等过程对于教师是比较艰辛的,但在围绕比赛深度挖掘产品性能的过程中,不仅能够提升教师本身的技能素养,同时对于KOOV软件及硬件上的优缺点了然于胸,对课堂教学又是一种极大的补充。

(三)教学评价

课堂教学中的评价方式通常是教师评价与自评互评相结合。课堂中分享作品以及评价时间有限,通过自荐或者他荐的方式演示作品,也可以让小组共同展示,每位同学简述收获。KOOV的App中"我的作品集"也是一个优秀的平台,通过不断地积累作品和持续展示与回顾是对学生学习过程的最大肯定。教师在评价的标准上可以从完整、创意、思想、技术等几个方面考虑。

三、结语

两年的教学实践,从个别指导、小组指导再到尝试普适性教学,即使在硬件不足、课程不足的情况下也坚持至今。KOOV的模块搭建和编程知识适合小学阶段学生学习,丰富的课程和完整的评价体系可以协助教师提升教学成果,教师需要通过挖掘线上课程、三方课程的精华,结合本校实际情况以社团为入手点来设计校本化课程,同时借助比赛项目和基础学科,将其分解和转化为常规的教学内容,成为具有本校特色的KOOV编程机器人课程。由于学校中相关学科背景的教师为数不多,加上工作量等其他因素,持续推进校本化课程还有诸多困难,随着同一地区更多学校的加入和区级校外教育单位的引领,KOOV的课程会在学校中发展得更好。

中小学生研学实践线路设计经验

——"点线面"三维螺旋上升

上海市青少年校外活动营地——东方绿舟　吕双宇

2016年11月,教育部印发了《关于推进中小学生研学旅行的意见》(以下简称《意见》),提出"中小学生研学旅行是由教育部门和学校有计划地组织安排,通过集体旅行、集中食宿方式开展的研究性学习和旅行体验相结合的校外教育活动,是学校教育和校外教育衔接的创新形式,是教育教学的重要内容",为全国中小学生研学旅行的开展指明了工作方向。

2013年2月,国务院办公厅印发《国民旅游休闲纲要(2013—2020年)》,首提研学旅行时,教育部就及时下发《关于开展中小学生研学旅行试点工作的函》到相关省市,安徽、西安、苏州、上海成为首批试点省市。

经过数年摸索,一些试点地区已形成具有地方性特色的研学旅行线路及课程,但全国范围内优质的研学旅行线路依然非常缺乏。笔者参与了上海市中小学生市内、国内研学旅行线路设计,目前国内研学旅行活动普遍存在考虑学生特点不够、内容空泛等问题。因此,笔者将从实际经验出发着重讨论设计研学实践线路和课程的方法。

一、《意见》指明了研学实践的工作要求

苏霍姆林斯基认为:"第一批思维课不应当在教室里,在教室的黑板上,而要到大自然中去上……大自然的美使知觉更加敏锐,唤醒创造性的思维,以独特的体验充实着语言。"

《意见》明确提出主题和时间安排的要求,"学校根据学段特点和地域特色,逐步建立小学阶段以乡土乡情为主、初中阶段以县情市情为主、高中阶段以省情国情为

主的研学旅行活动课程体系"。"学校根据教育教学计划灵活安排研学旅行时间,一般安排在小学四到六年级、初中一到二年级、高中一到二年级,尽量错开旅游高峰期"。《意见》明确了不同的教学对象、不同的活动范围及时长,提出教学三维目标也要符合相应学段特点,循序渐进。关于中小学生研学实践基地的特征,《意见》指出:"依托自然和文化遗产资源、红色教育资源和综合实践基地、大型公共设施、知名院校、工矿企业、科研机构等,遴选建设一批安全适宜的中小学生研学旅行基地,探索建立基地的准入标准、退出机制和评价体系。"

2017年教育部首批204家"全国中小学生研学实践教育基地"及14家"全国中小学生研学实践教育营地"为研学旅行线路设计提供了丰富的场所。2018年,在中央有关部门和各省级教育行政部门推荐基础上,经专家评议、营地实地核查及综合评定,命名了377家单位为"全国中小学生研学实践教育基地",26家单位为"全国中小学生研学实践教育营地"。

二、研学资源的选择

(一)由"点"出发

上海研学资源众多,入选的全国基地及营地资源数十家。这就要求我们在对本地研学资源进行充分调研的基础上,根据其主要功能和特点进行遴选。

基地名称	基地分类	基地地址
上海四行仓库抗战纪念馆	红色教育资源	静安区光复路1号
上海无线电科普教育基地	科普教育基地	奉贤区海兴路1088号
上海铁路博物馆	科普教育基地	静安区天目东路200号
上海交通大学钱学森图书馆	科普教育基地	徐汇区华山路1804号
上海中国航海博物馆	科普教育基地	浦东新区南汇新城申港大道197号
中国水产科学研究院东海水产研究所	科研机构	杨浦区军工路300号
上海市质量监督检验技术研究院	科研机构	徐汇区苍梧路381号等多地
上海植物生理生态研究所	科研机构	徐汇区枫林路300号
上海市青少年校外活动营地——东方绿舟	综合实践营地	青浦区沪青平公路6888号

根据《意见》提出的分类方法,大致可将基地分为科普教育基地、科研机构、红色教育资源、综合实践营地等,线路设计者可分类制表备用。其次,研学旅行"集中食

宿"的概念明确了线路上的点最好能满足学生的食宿要求,因此应将营地作为线路连接的核心点进行食宿中转。最后,就是按照主题、距离等最优原则对点进行精选并确定最终选项,比如可以优先选择离营地较近的点。由于教育部首批的研学基地非常有限,在实际线路设计时也不必完全拘泥于此。

高中阶段以"省情国情"为主的要求,使得线路的点不能只在一省一市,而是要面向全国乃至世界。设计者在选取外省市点的时候可以优先参考教育部首批营地、基地的名录,利用互联网和街景地图对"点"加以了解,也可以全国营地为核心点,在其附近挖掘研学点进行分类整理。比如,全国中小学营地"陕西省西安市中小学校外综合实践活动基地"就距全国中小学基地"陕西历史博物馆"一小时车程,可以开展历史文化为主题的研学旅行。

(二)以"线"连接

为方便研学旅行,本着节约资源、提高效率的原则,可对筛选后的"点"进行规划,初步串联设计成主题鲜明、布局合理的研学旅行线路,以满足不同年龄段青少年的需求,供学校组织学生进行研学旅行时参考。比如,上海四行仓库抗战纪念馆和营地联系起来就能形成一条1—2天的"红色教育"研学路线。为了满足更多天数的研学旅行、针对不同学段设置不同的研学任务,还可在线路上添加相关红色场馆"点",如中共一大、二大会址等。通过串联上海的"红色印记",不仅使研学主题更加鲜明,也从地理上拓宽了学生们研学的范围,有助于学生通过亲身体验了解上海的红色历史。同理,还可以选择上海市内特色场馆,如自然博物馆,与营地连线成自然探索主题线路等。

为了避免学生过多地将时间浪费在路途上,同时也为了避免点与点之间的"生搬硬凑",建议设计者应将线路主题放在第一位,距离放在第二位。时间较长的研学旅行可以把距离较近的两个点放在同一天进行。比如,中华艺术宫和世博会博物馆,主题连贯、距离较近,就适合开发成国情教育一日研学线,也可融入到多日的研学线路中去。

(三)"面"的融合

基地被串联成"线"后,可将线路根据主题进行归纳整理,形成一个可以铺陈开来的"面"。比如,设计者设计了许多条各具特色的两日红色主题线路,就可将其归为一个板块,再进行排列组合,形成主题连贯、更具深度的多日研学线路。比如东方绿舟在经过系统的线路设计后,就形成了以优秀传统文化为主线的"历史雅趣"、革命传统教育为主线的"红色意趣"、国情教育为主线的"申城神趣"、生态自然为主线的"生态野趣"以及国防科工为主线的"国防志趣"这五个板块。

《意见》明确要求:"要以基地为重要依托,积极推动资源共享和区域合作,打造一批示范性研学旅行精品线路,逐步形成布局合理、互联互通的研学旅行网络。"线路设计者应尽量拓宽思路,整合资源,比如"乡土乡情"为主的研学旅行最好不出市,而"省情国情"的研学旅行则需要多地联动。线路设计者可以以历史为轴,将研学旅行的地理范围扩大,比如,中共一大会址和嘉兴南湖的历史渊源,就可以体现在研学线路里。同样,一些知名红色城市,比如贵州遵义,有多条以史为轴的红色线路,那么上海的基地可以与遵义的基地合作,将本地的高中生带到对方的基地,选择对方开发的具有"乡土乡情"的线路,对异地的学生来说,却是一次体验"省情国情"的绝佳机会了。

三、研学课程的开发

(一)依托地方特色课程

科普教育性质的场馆多半开发有自己的特色课程,许多场馆也有多年接待中小学生一日研学旅行的经验。研学线路上若涉及这样的点,课程可以委托给场馆进行,校内外教育教师也可达成合作,共同开发更具针对性的课程。

(二)开发多学科的研究性课程

《意见》明确指出:"促进研学旅行和学校课程有机融合。"这就需要校内外老师结合各自学科特点,精心设计研学旅行活动课程,让学生在研学的过程中将学到的知识内化为经验。避免"只旅不学"或"只学不旅"现象。校内教师甚至可以尝试在研学旅行过程中讲授书本上知识。比如,可以在适当的时节带学生到植物园,让学生亲身体验"小荷才露尖尖角,早有蜻蜓立上头"的自然、人文趣味。

线路和课程设计完成后,设计者还需要亲身考察和体验线路的可行性,重视评价环节的设计,以不断地改进优化线路和课程。

基于图形化编程开展小学生
人工智能教学的探索与思考

上海市杨浦区青少年科技站　丁力民

2016年3月,随着AlphaGo成为第一个战胜围棋世界冠军的人工智能机器人,人工智能引起人们广泛关注。

人工智能(Artificial Intelligence,缩写AI)是用人工的方法在机器(计算机)上实现的智能,或者说是人们使机器具有类似于人的智能。人工智能主要有两种特征,一种是感知能力,主要通过视觉与听觉获得。另一种是记忆与思维能力,就是对感知到的信息进行处理和储存。

人工智能是信息科技发展的重要领域,开展人工智能教育是现代教育的必然要求。

一、人工智能教育的现状分析

(一) 人工智能教育日益受到重视

2017年7月,国务院印发《新一代人工智能发展规划》,将人工智能上升为国家发展策略。规划中明确提出:实施全民智能教育项目,在中小学阶段设置人工智能相关课程,逐步推广编程教育,鼓励社会力量参与寓教于乐的编程教学软件、游戏的开发和推广。支持开展人工智能竞赛,鼓励进行形式多样的人工智能科普创作。教育部在2017年颁布的《普通高中信息技术课程标准(2017年版)》中,将"人工智能初步"模块设定为学生个性化发展而设计的课程,作为选修性必修课程。在《2019年教育信息化和网络安全工作要点》提到要推动在中小学阶段设置人工智能相关课程,逐步推广编程教育。2018年起,上海开展了青少年人工智能创新大赛、青少年人工智能挑战赛等科普活动,引导青少年通过学习人工智能技术,思考并尝试应用人工智能技术去解决身边的现实问题。

（二）在小学生中开展人工智能教育面临的问题

人工智能背后的算法原理非常复杂，目前在中学阶段主要有 2 种教学内容，一种是人工智能应用，另外一种是人工智能相关原理及算法。

由于人工智能所涉及知识和原理比较深奥和复杂，特别对小学生来说，学习难度非常大。因此，在面对小学生的人工智能教学中，我们应该思考如何将人工智能这些高深知识和技术讲得通俗易懂，让学生们也能够理解和接受这些知识。所以对小学生的人工智能教学要以学习概念、了解基本原理为主，通过教学案例体验，激发他们的学习兴趣和创新欲望，等他们到中学甚至大学，再逐步深入学习以及进行底层性的研究。

二、利用图形化编程开展小学生人工智能教学可行性分析

（一）图形化编程工具已具备人工智能开发功能

在图形化的编程工具中，目前 Scratch 软件是最具有代表性的了。Scratch 是麻省理工媒体实验室终身幼儿园组开发的一套电脑程序开发平台，旨在让初学者不需先学习语言语法便能制作出动画、故事、游戏等程序作品。2006 年发布 1.0 版本，2013 年发布 2.0 版本，增加克隆积木、乐高等硬件拓展积木等。在 2019 年发布 3.0 版本，又增加视频侦测、文字朗读、翻译等扩展模块。除此以外，国内也有开发者在 3.0 版本的基础上，进行再开发，将更多的人工智能技术化为 Scratch 积木块，让小学生也能通过拖拽式编程认识人工智能。如，慧编程、Kittenblock、Mind＋等衍生版 Scratch 软件具有语音识别、印刷及手写文字识别、年龄及情绪识别等功能，还可以利用摄像头训练机器学习模型。此外，学生在普通电脑上配置一套耳麦和摄像头，就可以进行简单的人工智能实践操作了。

（二）利用图形化编程便于教师开展人工智能教学

现在尽管上海市的小学信息科技课程中没有出现 Scratch 相关内容，但是 Scratch 作为一种编程教学工具，因为比较直观，便于小学信息科技教师学习与掌握，不少小学的信息科技教师已经能够应用 Scratch 指导课外兴趣小组开展活动了。在小学阶段应用 Scratch 开展和普及人工智能教学活动是有一定基础的。

（三）图形化编程学习符合小学生的认知特点

在小学阶段，学生以具体运算思维为主，求知需要是与学生生活中各种直观、有趣的现象相联系。因此，采用图形化的编程教学，使得学生们更容易理解编程的过程和程序的作用，进而了解人工智能是如何通过编程实现的。

在教学过程中，教师应尽量使用通俗易懂的语言讲述人工智能的基本原理，让小学生觉得人工智能并不神秘。教师也可以先对百度大脑、阿里云、腾讯 AI 开发平台中的各种相关人工智能应用进行演示操作，让学生对于人工智能有一个大概了解，然后再应用图形化编程工具，进行人工智能的编程教学。

三、人工智能教学案例设计

人工智能有以下几大类功能：图像识别、语音识别与合成、语义理解、机器学习、机器行为。小学生学习人工智能，可以将语音识别与合成、图像识别作为切入点。我们将教学设计的案例与现实生活中的应用相结合，这样学生们对人工智能的印象就会更深刻了。

（一）语音技术案例

语音识别技术，通俗地讲就是将语音变为文字，语音合成技术，其实就是将文字转换成语音进行输出。

1."翻译机"编程案例。大家都知道市面上有一种旅游神器——手持翻译机。当对着翻译机说中文时，它可以翻译成你想要的语言，并进行朗读。在标准的 Scratch3 软件中，已经有了语音合成和翻译的功能，如果需要使用语音识别，则需要使用衍生版 Scratch 软件。学生通过慧编程软件，便能做出一个简易的翻译机了，在对着麦克风说要翻译的句子后，程序便会将识别到的内容转化为英语和日语进行朗读了。

这个教学案例中，学生通过应用语音识别模块、语音合成模块（朗读）以及翻译模块，就可以达到翻译机的效果了。

2."语音电梯"编程案例。"语音电梯"是一个具有现实意义的科技创意案例，在传染病疫情发生的时候，电梯按钮、门把手、门铃按钮等地方，存在着相互接触交叉感染的风险。该案例模拟通过语音呼梯替代传统按键，从而减少因为接触按键而产生的交叉感染。使用Kittenblock软件中的语音识别技术与语音合成技术，就能实现语音的输入和播报。

（二）图像技术案例

图像识别是人工智能的一个重要组成部分，是指利用计算机对图像进行处理、分析和理解。图像有许多类别，如人脸识别、物体识别、文字识别、手势识别等。

1."小区门禁车牌识别系统"编程案例。对车牌识别其实是文字识别的一种，计算机对文字（含数字）的识别技术相对比较成熟。在这个案例中，先通过文字识别和人工添加的方式，将允许进入的车牌加入车牌库中。如果有车辆进入时，将识别到的车牌与车牌库中的车牌进行对比，并做出判断。通过该案例的编程教学，学生可以对文字识别有一个初步的认识。

2."石头剪刀布人机大战"编程案例。同学们都会玩石头剪刀布的游戏，其实人也可以和计算机玩石头剪刀布这个游戏。这个案例不同于文字的图像识别，因为计算机不知道什么是石头剪刀布手势，需要使用机器学习的功能，让计算机识别石头、剪刀和布的不同手势。目前很多国内衍生版Scratch软件具备了机器学习的功能。在这个案例中，通过摄像头让计算机学习各种视角拍摄的石头、剪刀和布手势照片，计算机会自动进行特征提取，并产生识别规则（这个过程称为训练模型）。对摄像头做的手势与计算机随机产生的手势进行对比，就能判断人机大战的胜负情况。通过该案例的编程教学，使学生对机器学习有了一个初步的认识。

四、结束语

人工智能具有广阔的发展与应用前景，开展人工智能教育是国民教育和信息科技发展的必然要求。由于人工智能的原理和技术很复杂，因此，如何开展小学生人工智能教学是我们课外校外信息科技教师需要探索与思考的问题。

图形化编程比较适合零基础小学生的编程语言学习，小学生通过直观、形象的图形化编程实践，了解和学习人工智能的基本原理，符合小学生的认知水平和特点。小学生通过学习人工智能编程基本操作后，还能发挥自己的创意和想象，设计出各式各样的人工智能创新作品，为今后更进一步深入学习和探究人工智能奠定基础。

林华同声合唱作品的训练价值与实践探索

中国福利会少年宫　俞利佳

一个优秀的合唱团由很多因素综合构成，如优秀的指挥、良好的生源、科学的训练方法，以及大量的演出实践等等。其中，找到"一剧之本"，也就是适合合唱团演唱、演出的曲目是关键因素之一。这里的"适合"不仅是指该曲目在演出中有较好的效果，还要求它能够成为发声、呼吸、共鸣、音准、节奏感、声部配合等方面有效的训练教材，从而提高合唱团演唱水平。

上海学生合唱团近年接触到林华教授写的一些同声合唱作品，初听似乎难度偏高，比如声部较多，有不少变音，还有多样织体的组合，甚至还有赋格和等音变换等高级技巧。仔细分析之后发现，这些曲目并没有想象中的难度。我们认为，通过这些作品的排练，可以使本团在音准把控、节奏配合、气息保持、声部合作等技术方面得到很大提高，把合唱水平提升到一个新台阶，同时还可以加强孩子们对音乐内容的理解，提升审美情趣。本人在近几年的学生合唱团排练中，借助林华教授的同声合唱作品在学生声部感、变音音准、织体内部关系转换训练等方面进行了一些探索。

一、声部感的训练

所谓声部感，即每个声部都有自己的线条，根据构思的需要在不同的段落发挥自己的功能。特别是在对唱、模仿等段落中更为明显。

1. 和声织体中的线条感。在《我们的田野》(11—16小节)中，一开始是一段和声效果的织体，其中的声部通过细小的节奏变化以及和主旋律不同时的起落，各个声部与旋律是同节奏的伴衬，但即便是在这样的片段中，我们依然可以听见其中内声部的线条式的运动，这可以说是一种重唱式的复调。

2. 对比性的线条。在《外婆的澎湖湾》(27—30小节)中,上声部秉承着前面音调,而下声部却把乐曲开始的动机插入,构成不同意象的叠置。

3. 呼应式的音调。在《风铃》(12—17小节)《二泉映月》(32—34小节)等作品中,那些主旋律暂歇的空隙处往往有其他声部作音调或者节奏的呼应,这些零星音调又会发展成断续式旋律线。值得注意的是,这些呼应又不会是孤立的。主旋律长音的时候,其他声部也有呼应。当然,这里不仅仅是一个呼应,还是对形象的丰富。

在训练中指挥要让合唱团员认识到自己声部的线条独立性,或者理解它们的意义。在前面的《我们的田野》中,伴唱的声部要有线条感,也就是指挥应让线条有明显的音量起伏才能让听众感受到。而《外婆的澎湖湾》的处理,要让孩子们明白这里或是主题的再现,或是新素材的插入,他们应当同时听到而且理解这是两个不同的主题。

二、变音音准的训练

在林华教授同声合唱作品中有不少变音的运用,大体分为三类情况:

第一类是用于增加作品发展进行倾向性的。这类变音多数是功能性的进行,而且更多的是为了转调的需要。训练时要注意变音运动的方向性,以及它们最终的落音。这要求平时基本功训练中增加一些半音的科目,或者选择作品中的变音片段单独作为热身训练的内容。

第二类是色彩性的应用,在这里强调的是和弦的明暗对比变化。这种变音的运用虽然并不强调进行的倾向性,但同样要求音准。《我们的田野》倒数第二小节的变和弦,是色彩性的变化;《重逢有日》(22—23小节)的两个和弦则是色彩的连接。

第三类是装饰性的以及一些特定的音程。这类变音大多出现在根据现成曲调改编的作品中,比如,《春来了》《重逢有日》,变音往往出现在旋律声部,训练的办法是让孩子们反复听,通过模唱的方式适应进而掌握。而更为多见的此类变音是模仿民族乐器,或是来自民歌中那些为了强调语音而产生的变音,例如,《梅花三弄》《牧马之歌》(35—39小节)。

三、织体内部关系的转换训练

林华教授的同声合唱作品织体丰富,往往有主复调织体的交错。即便是一色的主调织体中,伴唱的形式也是多种多样的:有些是造型的,有些则是模仿器乐合奏。前者可以在《踏雪寻梅》(11—15 小节)中找到,第三、第四声部的伴唱就是对铃铛声响的描绘;《行香子》(1—4 小节)中也可听到马蹄清脆。而《铁匠的和谐》(21—24 小节、29—32 小节、33—36 小节、48—50 小节)的织体完全是器乐化的,有连续后半拍的,有三连音组成的音流等等。

合唱的前半部分,团员们在排练时往往容易越唱越快,问题的关键是休止符没有唱足;而低声部有许多连续变动音程大跳的部分,这是一种所谓隐伏式的旋律结构,下方的支点音可以唱得轻些,但不能含糊;上方的音符可略微突出,但要注意音准;最后部分有连续的三连音,这并不难唱,但连成片之后,既要注意线条的起伏,又要注意呼吸,不要因为气息不足而越唱越快,因此指挥应当给出拍点的重音,以保证隐伏声部的清楚,又可借此把稳速度。

至于复调的织体,最主要的是每个声部应保持自己线条的起伏和完整。在《胡马》中用了许多不同的手法。30—45 小节是不同素材的对峙,指挥时应通过准确的休止符突出下方声部的敏捷、灵动,而上方三个声部十六分音符是对于群马嘶鸣的模仿,注意吐字的清晰。从 63 小节开始是乐曲的展开,在这里可以看到不同音区的音调呼应以及造型的伴奏,为旋律伴衬。在 84—92 小节的片段中,则又是另一种不同性质的对峙,在主题伴奏下出现的长音衬托以及对这线条的模仿。92—109 小节是全曲最精彩的部分,作者利用多样的织体变化,充分的展开音乐素材,在这个运用赋格技法的段落里,通过横向移动的变化,使得乐曲向表现出更为强烈的情感,指挥应当把握张力发展的渐增,以使乐曲推向高潮。

四、一些特殊的处理手法的训练

1. 花腔式的进行。所谓花腔式的进行就是等节奏的音型构成一条花边,给乐曲带来装饰效果或者炫技的变化,《铁匠的和谐》中已有这样的手法,这纯粹是装饰性的,但也有时候起写情或造型的作用。例如,《牧马之歌》(59—62 小节)是一种欢愉的心情;而《我们的田野》(62—66 小节)则是麦浪的翻滚了。这些段落对于训练孩子们的咬字吐字、弹跳也是很好的教材。

2. 同节奏型的连续进行,例如,《剪羊毛》(15—19 小节)附点节奏型连续进行多个小节,这往往是为了模拟某种特定的风格,或是造型性的需要。此处听到连续的附点节奏,可能是对爵士风格的模仿。

五、审美情趣的培养

林华教授的同声合唱作品内涵丰富、题材多样,深受指挥及合唱团员的喜爱。在训练的时候要注重作品的内涵,让学生感受作品所要表现的基本情绪,从音色的质感、力度感、语气感等方面表现作品。合唱团员通过演唱林华教授的作品不仅多角度地学习了合唱作品所蕴含的情绪、形式和内容特征,还可以逐步提高音乐感受的能力,以及用歌唱表达自己感受的基本方法,提高审美能力。

以《槐花几时开》为例,作品既保留了四川民歌高亢的曲调和韵味,又十分有趣地表达出母女间的一段对话。作品不同的段落显示了人物心情的展开,引子部分乐曲以高亢的山歌开始,出现了对比的形象(娘的疑问)。随后的段落是语焉不详的回答与含糊其辞的敷衍。在一段幻想之后,又有对立形象的进一步责问,加强冲突。而尾声则是表现了一种决心。这样的作品有人物、有冲突、有情节性、有情感的层层推进,合唱团员演唱这样的作品可以训练不同情绪的转变和把握。

又如《二泉映月》,林华教授为这首著名的二胡曲填写了歌词,规定了乐曲不同的几个意境:写景、哀怨、激愤和渺茫的期望,像这样情感逐步演化、层层推进的作品在同声作品中并不多见。例如,在乐曲的第三部分(46—49小节)通过几个同音反复而又不同和弦的段落做到一种内在的紧张度的增强,须知这是一种无奈的悲愤,而不是爆发,因此要把握这样的分寸就需要指挥与合唱团员对当时的历史背景有很好的理解,无疑这也是让合唱团积累艺术修养的重要手段。

综上所述,选好作品是提高合唱团水平的关键因素,而通过有分析、有步骤地练习,充分挖掘作品的训练价值,彰显作品的审美,是校内外美育工作者应有的追求。

新理念下多元化的校外美术作业设计

上海市宝山区少年宫 金 悦

作业作为教与学的交汇点,它的设计直接影响教学的实效。传统的美术作业往往要求学生运用同一形式去表现同一主题,以便教师用统一标准开展教学评价。这种单一的表现形式、单一的评价方式往往让学生感觉枯燥、无兴趣,会扼杀部分学生的个性,抑制他们的创造潜能,因此急切需要改革,以保证和发挥"美术作业"的作用。如何发展学生的个性,培养他们的审美能力、创造能力和创新品质,是摆在我们面前的十分紧迫的课题。

在新课程标准的新理念指导下,从美术课堂教学过程、课堂教学评价以及学生个体自我实现、个性差异等层面进行美术课堂作业的多元化设计,构建以学习者为中心的作业系统,追求美术课堂作业的个性化、多元化,使学生在各自基础上获得不同程度的发展。

一、同一主题多种表现形式的作业设计

美术作品的表现形式是多种多样的,抓住同一主题做足文章,进行多种表现形式的作业设计,用不同材料画、剪、刻、粘、贴、塑,让学生了解美术表现的各种形式,使用各种工具,选择各种材料,有利于学生打开新思路,丰富学习体验。

例如,猪年来临,商场满眼都是和"猪"有关的版画贺卡、抱枕、明信片等美术工艺品。教师可以因势利导要求学生设计一些表现"猪"的各种作业:第一,收集表现"猪"的美术品,如邮票、贺卡、抱枕、靠垫、工艺品等;第二,设计"猪"的写生、剪纸、图案设计等;第三,运用"猪"的作品装饰生活。

这些作业设计贴近学生的生活,让学生通过各种美术实践活动,了解美术造型的要素和组织原理以及各种不同的艺术表现形式的风格和特点,把美术学习直接和

生活实际结合起来,通过生活情境的创设(用作业装饰和布置教室、家居、舞台等),使学生懂得美术作品的美不仅仅在于作品本身,让他们亲身经历了"认识生活—表现生活—美化生活"的一个历程。

二、连贯性的作业设计

根据教材内容的连贯性和学生实际,一张单元作业可以通过连续几堂课完成,学一点,画一点,学一步,做一步,而它的每一步骤又可以分为独立的意向作业,前一个作业步骤是后一个作业步骤的基础,各个步骤环环相扣,步步深入,从而让学生理解一个完整的创作过程。它可以通过自主构图、想象添加、自选色调、自定主题等环节,给予学生发挥创造的空间和自主选择的余地。

例如,对素描班学生,素描风景画和粉画风景画的教学,进行了连贯性的作业设计。第一节课向学生讲明作业连贯性的要求,可以分步骤逐步完成,在分析了风景画中房子的结构、基本形态后,让学生用适合自己的方法表现。可用西方的明暗表现法,也可用中国传统的以线造型的方法。第二节课在和学生共同欣赏、研究一些风景画的取景、构图、透视、视平线的位置后,布置的作业为:为上节课的作业作想象添加,使它成为一幅完整的风景画。第三节课在和学生共同研究了粉画风景画的技法后,请学生为自己的作品选择一个合适的色调,并上色。

三、自选菜单时的作业设计

自选菜单式的作业设计将作业内容涉及多种选择,充分尊重学生的选择,改善作业效果。如,分出基础层面、深化层面、探究层面三个层次的作业,意在发挥每一位学生的优势,发现每一个学生的天赋,使学生享受到做作业的快乐。

例如,组织学生参观梅尔尼科夫美术馆"对话——俞晓夫与俄罗斯绘画"的现场观摩教学后,设计了这样一些作业:第一,说出俞晓夫的创作的作品特征,作品里面人物的表情、韵律与特征;第二,用线、面临摹作品人物主题,突出材料的性能特点。第三,用材料创作造型,运用生活中看到的各种质地的线材,创造富有自己性格的美术作品。

以上作业设计让学生能够有机会选择自己喜爱的、适合自己能力和个性的、带有个人意味和痕迹的形式进行表现,充分显示他们的个性倾向性,体现他们的主观能动性。让不同层次、不同个性的学生都有成功的机会和选择的权利,都能体验美术学习活动的乐趣和成功的快乐。

四、跨学科的作业设计

将美术与其他学科相互渗透,引发没有系统图结构的重构,是新课改的主流。通过跨学科作业设计的尝试,将美术与其他学科结合,从艺术综合的角度拓宽学科内容,形成大艺术观,寻找艺术共性的规律,以达到对学生进行艺术综合知识、能力的培养。

(一) 与音乐学科的结合

与音乐结合的欣赏作业,主要是引导学生听音乐欣赏美术作品。"画音乐"的作业和与音乐结合的欣赏作业。学习梵高的《向日葵》时,为了让学生更好地体会画家的主观因素对画面色彩的影响,让学生亲身体验在不同心境下能画出不同的画面色彩,设计了"画音乐"的作业练习。利用莫扎特主题音乐欣赏和绘画创作相结合的形式,以某一首乐曲为题,创作一幅表达色彩联想的作业。如,听爵士乐,欣赏蒙德里安的抽象作品《百老汇大街》;听印象派作曲家德彪西的《月光曲》,欣赏印象派大师的《日出印象》;听《伏尔加河上的纤夫》,欣赏列宾的作品《伏尔加河上的纤夫》等。几堂课的尝试证明,美术与音乐的融合,可以达到图音并茂、声色俱全的效果。同时发现,学生对美术作品的理解更深刻了,而且也更好地拓展了艺术空间,增强了艺术趣味。

(二) 与语文学科的结合

体味课文精华,用美术的手段表现语文课文中最打动你的情节,编写一个小故事,并创作出一组连环画。听朱自清的散文《春》,画色彩作品,选择一种表现方法,为你喜欢的一篇课文或一个故事配插图等与语文学科结合的练习。这些练习设计都极大地提高了学生的审美能力和文学素养,引发了学生在作品中大胆抒发真情实感。如"画、写观察日记"的作业设计,让学生用画画的方式写观察日记,把生活中发生的、印象深刻的事画下来,可配文字说明。学生画了《魔都城市》《城隍庙九曲桥》《宝山临江公园一角》等直接反映生活、充满童真的作业,没有任何条条框框。锻炼了观察能力,提高了审美能力,培养了创作意识。

(三) 与科技学科的结合

科技与艺术的共同基础是人类的创造。为了关注个体的领悟、想象、回忆等心智潜能的发展,寻回人的直觉、敏感、童心、灵性、发现和超越的精神,培养学生具有科学的见解和艺术想象的表现能力。学生的作品充满智慧,有用音乐芯片制作的音乐贺卡,有借助电脑和素材库设计的贺卡,有做成网上的电子贺卡、动画贺卡,有加上香料做成的香味贺卡,学生的审美和创造能力在与科技结合的美术作业实践中得到培养提高。

五、探究性的作业设计

如"问题作业"的设计。让学生通过自己的研究得出结论。通过研究具象美术作品和抽象美术作品的区别,求证回答问题,如,收集达·芬奇是用什么办法把人物画得十分逼真,毕加索是用什么办法把人物画得"不像的",他们的人物画艺术分别先进在哪里。对比达·芬奇和毕加索的人物画作品表现手法,求证回答问题:"像不像"是评价一幅作品好坏的标准吗?要求各组收集筛选资料、整理资料,写出研究报告,制作多媒体演示报告,并分组派代表演示、交流自己小组的研究成果。在此基础上将学习内容延伸:收集、欣赏中外少年儿童的作品。课外美术教育丰富了孩子们的业余生活,常使用毕加索变位置、莫迪利阿尼变形、马蒂斯变色等手法去作画。此作业设计,使学生学会了正确审美,不再以"像不像"作为评价作品好坏的标准,更重要的是学生的观念发生了根本的转变。他们开始正视自己,学会了自主学习,培养了学生开展美术研究的能力和团队精神。

在此基础上,发动学生人人自建"我的美术学习资料库"。从报纸、杂志、网上收集与美术学习相关的图片和文字资料,或分类整理成册,或在电脑上建立自己的美术资料科,制作网页。开展展示、评比、交流活动,好多学生还把自己的作品扫描到电脑里储存。学生在收集、分类、整理资料的过程中,扩大了美术视野,增加了美术知识,使美术知识系统化。

实践证明,加强校外美术作业设计,可以达到促进学生发展的巨大作用。学生的自我意识、自主学习能力加强了,审美水准提高了,对美术学习产生了广泛的兴趣,想象力、创造力和动手能力得到了很好的锻炼。近年来,有50%学生参加过3次以上全国、市、区级美术比赛,并且获奖。总之,追求和强化美术作业的个性化倾向,创造以学生发展为本的多元化美术作业设计,通过美术作业的多元化设计,让学生真正成为学习的主人,提高每个学生的美术素养及综合能力。

浅谈校外教育课程品质提升的几种途径

上海市青少年校外活动营地——东方绿舟　王　梓

一、目前校外教育课程建设总体情况

校外教育是我国教育事业不可或缺的组成部分,也是对青少年实施素质教育的重要途径。在全面推进素质教育的新形势下,校外教育越来越得到社会关注,并逐步成为开展青少年思政教育、培养创新精神和实践能力、提升综合素养的重要途径。

2006年,中共中央办公厅、国务院办公厅印发了《关于进一步加强和改进青少年校外教育阵地建设和管理工作的意见》,校外教育受重视程度开始提速。教育部于2014年启动校外教育"蒲公英计划",这一举措更进一步推进了校外教育的蓬勃发展,同时也面临着课程日趋老化、课程创新不足、活动场地限制等诸多问题。对此,笔者通过调研与研究,发现通过突破创新,将校外教育的现有课程开发出新的"味道",不断"提质"与"优化"是解决之道。

本文主要谈一谈校外教育课程品质提升,"精准施策"的途径与手段。

二、校外教育课程品质提升途径

(一) 课程提高"实训"占比

一堂课的必备环节需要不折不扣地完成,其基础"要素"是课程成败的根本。以公共安全课程为例,教学大纲是授课依据。大纲提出的知识、技能点,是课程"要素",教师需要串联"要素"并对课程进行编排,将安全知识与技能连贯,才能设计出一堂"合格课"。如果只是将知识、技能点生拉硬拽在一起,授课效果多半不理想。

如何向一堂优质校外教育课程"进军"呢?"治大国如烹小鲜"。试验发现,提升课程"实训"比例,课程就会灵动起来。"实训"成为课程"小鲜"之灵魂。以防空安全馆教学为例,在授课环节,开篇通过视频介绍了3种不同防空警报音的特点,人们听到警报音响起,开展对应避险自救活动。但是这种视频的简单授课方式可能难以达到一堂"合格课"的要求,学生缺乏实践,屏幕上的"知识与技能"很快会被忘掉。没有实践的检验,课程的效果就无法得到验证与巩固。提升方案是,学生通过学习视频中3种不同防空安全警报音与对应处置方式,立即开展在模拟室内、外场地、地下防空洞环境下的实训演练,在实训中固化安全知识与避险技能。通过实训,形成"肌肉记忆",将一堂原本的合格课转变为一堂优质课。让学生动起来,"实训"提升了课程价值。

(二) 因材施教,增加教育"附加值"

合理地增加一堂课的"附加值",是课程提升的关键。人们都认为,上海很美,但城市的更新却从未间断,二次改造与优化,每年都会开展一定数量的老旧小区的改造工作,力求呈现一个更棒的上海。对应于教师授课,可以理解为不断提升现有课程的(对应城市)品质。在旧改过程中,如果把一些项目做好了,会产生多方满意的结果。除了可以方便住户(居民),还可以带来意想不到的效果。根据国务院参事、住房与城乡建设部原副部长仇保兴所述,通过对老旧小区加装电梯,居民的方便是显而易见的,同时楼宇价值将获得15%的提升,原来价值100万的房子,变成了115万;通过配置托幼、医疗设施,楼宇价值增加20%以上,增效提质立竿见影。校外课程如同旧房改造,深挖下去一定会有意想不到的成效。作为教师,如何判断一堂"优质"课是否具有提升价值与精进空间呢?判断依据是授课对象学生是否可以更满意,课程是否到位学生说了算。对于不同的授课对象采取一成不变的授课模式,效果可能会大相径庭。例如,重点中学的高一学生与中职校一年级学生,虽然年纪相同,但对其授课形式应该有所区别。对授课方式进行调整,提升"附加值"就是课程的"增值提质"环节。教师应在"因材施教"上多下功夫。通常,在确保完成教学基本任务的前提下,教师应该思考针对不同的生源群体开展不同模式的线下教学,职校一年级学生动手能力强,此时应尽量多安排他们通过团队协作,开展互动式、体验式教学,通过合作完成既定任务的方式促进他们成长。毕竟2、3年后这群孩子中的绝大多数将踏上工作岗位,培养他们团队协作能力是一种很好的前移式职业能力提升培养方式,很有必要。对于重点中学的高一学生来说,他们的自主学习能力强,教师可以通过启发式教学,更多地引导他们开展探究,鼓励他们发现并解决问题。在学生自主学习过程中辅助以互动、体验式教学,鼓励他们通过思考、探究、体验、验证的四步教学法实现课程的升华。

(三) 师生共同参与课程改造

校外教育课程需要不断提升课程品质,多效并举地推动课程发展。近几年,新一轮的校外教育课改在各地如火如荼地开展,通过试点与改革,各地均发现一些问题,怎么去解决这些问题呢? 首先,让需要改造的课程自己"冒出来",不要凭"教务管理部门"意志来"点菜"。第二,优化"旧课程",对课程进行改造与打磨,它必须有一些必备的课程元素,这些必备的元素是必须要的;还要有一些备选的课程元素,有拓展空间的课程元素,锦上添花的元素,将两者分开以后,必备的课程元素通过教师听课团队共同参与、共同帮忙,精心打磨定型。拓展课程元素,积极发挥学生作用,学生因地制宜地自主、自由地"点菜",授课教师可以共同参与。如何让最需要改造的课程元素"冒出来"? 我们发现,做得最好的课程都是以评选"最佳课程"和"最差课程"这样的评选活动开始的,评选活动过去一直靠专家和"其他教师"共同投票,现在有了新的手段,例如,用 App 就课程的"宜课性"进行评价,由学生自发地把参与课程的评价、"宜课性"情况写出来。第三,通过参课学生的投票,专家的现场考评,选择最优课程元素改造项目,形成方案后提交。第四,动员安排给教师打出最差分的学员,到获得最佳分的教师处去听课、学习,学生推动课改的愿望与积极性都被调动起来了。这时,教务管理部门推一下,教师迈一步,通过学生借"他山之石"攻一下,这三个一点就串联起课程改造了。

三、总结

校外教育课程犹如一盆极具魅力的多肉类盆景摆盘,因其独特的校外"基因",使其有别于校内教育的"繁花异草",也正是因为这种特质,通过校外教育园丁们的匠心"雕琢"与"提升",定将显现出别样、独特的摆盘"造型"。校外教育课程提升途径形式多样,总体而言,需要结合自身学科特色与专业发展优势,通过推陈创新,以服务学生为本实现"提质增值"的最大效益。

浅谈校外古诗文教学中的两个转变

中国福利会少年宫　胡潇予

古诗文是中国古典文化的精髓,汇聚了古代圣贤的智慧,是中华传统文化中最为璀璨的部分。随着课程改革的推进,语文教材发生了重大变化,古诗文篇目的占比逐步提高。为了激发古诗文课堂教学的生机与活力,凸显校外教育特点,校外古诗文教学必须实现两个转变。

一、借鉴参考与实践创新相结合,转变校外古诗文的教学方式

(一)"文史"结合,铺垫拓展

文史不分家。学习文学,一定离不开历史。文学的发展是由历史推动的,诗人是时代造就的。盛唐气象必然会孕育出李白、王维的洒脱,而靖康之耻必然会产生陆游、岳飞的悲壮。战争导致的苦难让诗人关注社会现实,杜甫、白居易等人不再写虚幻的理想世界,而是抒写底层劳动人民的生活。文学本身也是历史:为什么隋朝已经产生的词,直到宋朝才达到鼎盛?为什么人们把《三国演义》《水浒传》《西游记》和《红楼梦》称作四大名著,而不是其他四本书?这些问题的提出,让学生的学习变得更有趣、更主动,也更有收获。

(二)"知人论诗",文苑杂谈

为激发学生学习古诗文的兴趣,设计"知人论诗"版块,围绕诗人所处的时代背景与传奇人生,再现文学家的生平故事。如骆宾王写文章把武则天骂得狗血喷头,李白为什么不爱当官?白居易为什么容易患口腔溃疡?辛弃疾文武双全,带领几十个人闯入敌军大营。这些故事幽默风趣,很大程度上满足了学生的好奇心和探究欲,最终激发他们学习古诗文的兴趣。

(三) 采访"诗人",课堂穿越

设计"小记者访谈"环节,让诗人(角色扮演)穿越到课堂,小记者与"大文豪"面对面。"高适"单元的第一课时中,学生在了解了诗人的人生经历、背景故事,即将进入其代表作《别董大》的学习之前,进行角色扮演。

(四) "诗词大会",情感迁移

借鉴《中国诗词大会》的竞技形式与视频,带领、引发学生挖掘选手背后的故事并进行评点。复旦附中高一女生武亦姝有着偶像特质、人见人爱,她觉得宋朝诗人陆游非常可爱,出门还会随身携带《苏轼词集》。清华大学制造机器人的女博士陈更,绝不是"答题机器",她的完美表现告诉我们如何做一个脚踏实地的学习者。第三季总决赛,北大文学硕士彭敏输给了外卖小哥雷海为,引发学生们的思考和讨论:北大硕士为什么会输?是学识不够吗,肯定不是,是他的急功近利输给了自己。而一个只有中专学历的外卖小哥,默默积累古诗词十多年,得冠军后的他依旧淡定从容。我们学习古诗文的目的究竟是什么?不仅是完善自己的学识,更是完善自己的品格。真正的诗意,不是闲情雅致,而是身处困境依然坚定的信念和追求。

二、结合学生个人的兴趣爱好,转变古诗文的学习方式

(一) 唱一唱

央视节目《经典咏流传》以其独特形式让人耳目一新,不仅能提升诵读兴趣,还可以帮助学生理解与记忆。如学习杨炯《从军行》,配合一首张卫健演唱的《真英雄》,将诗歌改编成流行歌曲,把慷慨激昂的爱国热情烘托出来,唱出来的诗歌一下就变得气势雄壮、朗朗上口。学生跟着偶像王俊凯唱明代钱鹤滩的《明日歌》,这首诗歌很快就被背了下来。在观摩视频基础上启发学生自创唱法唱诗,即自己选择喜欢的曲调,把诗歌唱出来,用周杰伦的《青花瓷》配上宋词《雨霖铃》、用《菊花台》配唐诗《游子吟》。

(二) 画一画

学习诗词大会评委康震老师用绘画表现诗词意境、给选手出题的方法,学生们针对不同的诗词作品,在有限的时间内表现出诗歌的画面和意境,体现了他们对古

诗词的理解、审美再现、情感表达能力的综合运用。画一画古诗文的重点在画什么,然后才是怎样画。比如卢纶《和张仆射塞下曲》其三:"月黑雁飞高,单于夜遁逃。欲将轻骑逐,大雪满弓刀。"画的过程其实就是学生对古诗文的领悟与理解的过程,结合自身创造能力进行艺术上的再造。

(三)赛一赛

为加深学习效果,每一单元举办一次诗词大会,由学生出题分组进行积分制挑战。具体的竞赛题型,一是参照中国诗词大会,二是鼓励学生发明新题型。为调动学生积极性,在课堂上比拼"飞花令",现场自编题库,小组间互考。如九宫格(十二宫格)填字、上下句接龙、文字线索题、图片线索题、描述线索题、你说我猜等。这种方式对出题者和答题者来说,都是挑战,要体现自己对知识的理解和运用;既要答得比别人快,又要答得准,这有助于他们的古诗文积累,拓展深度和广度。

(四)辩一辩

将辩论赛引入古诗文课堂,把思辨和古诗文结合起来,每个单元开始前征集辩题。学生可以从作品本身发掘辩题。例如,王昌龄是"七绝圣手",李白的七绝作品也天下闻名,两人不相上下,于是有了一次关于"王昌龄七绝写得更好"还是"李白七绝写得更好"的辩论赛。正反双方提前做好功课,分别对两位诗人的七绝作品分题材整理。还可以结合诗人身上发生的故事寻找辩题。高适和李白本是好友,后来李白因跟随永王造反,被打入天牢。而把他送进天牢的,正是高适!从此两人绝交。这个故事让学生带着好奇去探究:他们友谊的小船究竟是怎么打翻的?究竟是谁的错?由此,正方观点:高适是个正直的诗人。反方观点:高适为做官背叛友谊。辩论赛对学生的古诗文积累要求很高。

(五)写一写

古诗文学习还可以向写作迁移。避免白话文的机械翻译,向改写与仿写挑战。《国家宝藏》的一期节目中有一首《如果没有李白》:"如果没有李白,我们不再知道黄河之水哪里来、庐山瀑布有多高、桃花潭水有多深、蜀道究竟有多难;如果没有李白,苏东坡未必会有把酒问青天、李后主不会让一江春水向东流、金庸的武侠江湖将会天缺一角《侠客行》。"参考借鉴这个形式,引导学生仿写和创作《如果没有杜甫》《如果没有王维》等片断,再配合音乐深情朗诵,学生们兴趣盎然。

三、两个转变后的思考:如何向学生传递古诗文的文化精髓

怎样让学生从古诗文的学习中得到更大收获、理解与感悟中国传统古典文化的魅力,教师的教和学生的学是关键。

(一)转变古诗文教与学的思路,重在"唤醒"

教育的目的在于"唤醒",旨在关注学生的全面发展和他们的内心世界。古诗文言简意赅,蕴含在字词之后既有丰富的社会背景、思想内涵,也有"驰骋九万里"的豪迈气势与胸怀,更有"蜀道之难,难于上青天"的地理知识,这些都不是简单的背和默能够获得的,需要通过不同的途径、方法,唤醒学生对古诗文学习的兴趣,引发他们与中国古代文化精华产生碰撞,从而开化心灵,升华个人的思想境界。

(二)激发学生古诗文学习的兴趣,发现"真我"

与现代文相比,古诗文(格律诗)讲究对仗、押韵、平仄等,相对来说比较枯燥,很难积极主动地参与进去。但一旦学生对古诗文学习产生了兴趣,就会相当投入,甚至有家长"投诉"校外古诗文的学习"风头"盖过了语数外。古人通过古诗文抒发的感情,诗人的人品修养及抒怀言志,都引发了学生的情感共鸣,从而在潜移默化的学习中引入自我、认识自我、塑造自我,成就"真我"。

(三)在古诗文学习中提炼方法,种植"诗心"

古诗文教育的终极方向应该是人的品性教育,学生在大量吟诗背诵之余,能有自己的理解和体验,能够以诗言志,运用他所掌握的作诗方法来表达自我、排遣情绪、升华思想。古诗文学习真正的落地应该体现在创作上,作品不仅限于古体诗词,还包括现代诗等各种表达形式。作诗的目的,是修身,是自我净化。只要能从中读出那份诗心、文心,感物起兴、反省自我,应该就是校外古诗文教育的真谛之所在。

校外美术教育中美术馆
教学活动的探究与实践

上海市闵行区青少年活动中心　韩　亿

一、美术馆教学活动研究背景

美术馆是展示艺术作品的场所,以视觉艺术为中心,绘画、雕塑、摄影作品、插画、装置艺术以及工艺美术作品的艺术展示品。美术馆也兼具推广与文化相关的教育、研究等功能,有时也会举办其他类型的艺术活动,如音乐会或诗歌朗诵会等。

美术馆教育主要是指在美术馆内,学生以艺术作品为视觉媒介,以自我导向式的学习方式,欣赏、感受与体验艺术的教育活动。

二、美术馆教学活动的特性分析

美术馆教学活动提升学生的观察力、感受力、记忆力、描写力、创造力、想象力与实践力等。与课堂学习的不同在于,课堂上以教师讲授为主,而美术馆学习则是学生的自我导向式的学习。美术馆教学活动更注重实物学习,学生们可以通过实物的艺术品,如绘画真迹、雕塑、摄影作品、装置艺术等身临其境的感受艺术作品的魅力,激发学习的兴趣,深入探究作品的信息与内涵。美术馆教育活动既强调经验学习,也是经验内化的教育活动,经验学习更强调通过欣赏艺术作品后所达到行为改变的目的,学生们通过观察、欣赏、思考和创作,对艺术作品产生特定的感受与认知,从而具备一定的艺术学习经验。美术馆学习让学生在教学环境下,开展多元化的学习模式,让更多的学生了解美术作品的理论知识,感受艺术的造诣与魅力。

三、以 M 区青少年活动中心为例,美术馆教学活动的设计、思考与实践

(一)具有任务驱动的学习体验,提升学生美术馆活动探究度

相比走马观花式的美术馆体验,具有任务驱动的学习体验,更能提升学生的活动探究度和学习效率。美术馆的作品在视觉上给欣赏者带来美感体验,学生们可以在赏析作品的同时,深入了解作品的基本信息(作者、年代、作品名称)、作品风格以及色彩的运用。

例如,社团开展的"缤纷美术馆·共享七彩梦"宝龙美术馆主题参观活动,学生们在认识作品基本信息(作者、年代、作品名称)之外,对于作品风格以及造型色彩上有了更深入的理解,提升了学生审美能力与人文素养。通过"书藏楼珍藏展"感受历史名家们的作品风格特点,从自己喜欢的作品入手,进行作品分析,在自主学习中培养探究知识的能力;通过"沉浸式艺术大展",感受现代装置艺术的魅力,开拓艺术视野,提升创新意识,同时也传承历史知识与文化内涵。

美术馆学习任务主要分为四个部分:第一,课前预习,了解学习任务单的基本内容;第二,实地参观,在讲解员的带领下开展集体与小组参观,学生现场用相机、彩笔进行记录;第三,课后完成学习任务单;第四,展示总结,教师组织学生开展学习任务单的展示与交流,学生之间相互评价,教师给予评价与总结,对评价优秀的学生颁发奖章。

(二)欣赏与创作相结合的活动体验,激发学生创作热情

具有任务驱动的学习体验,能够帮助学生们更好地了解艺术作品,激发对艺术作品的探究兴趣。让学生们从美术课堂教学中走出来,到更开放的实践环境中去触摸、体验。观摩美术馆、博物馆与展览馆,感受传统与现代艺术的熏陶;探寻专业型艺术工作室,体验不同形式的艺术魅力;走进特色学校的美术实验室,体验丰富多样的艺术教育,激发艺术创作热情,由"艺术欣赏"的输入式学习转变成"艺术创作"的输出式学习。

"缤纷美术馆·共享七彩梦"——美博艺术中心参观体验活动,让学生们参观同龄人的美术作品,体验石头彩绘工艺品的创作。在欣赏艺术作品与体验学习的过程中获得艺术知识与实践。

(三)角色互换的"小画家"参展体验,培养学生综合素养

在美术馆教育教学活动中,学生的参与欣赏较多,而展出自己作品的经历较少。实践证明,学生拥有个人画展的经历将极大程度地帮助他们提升学习的自信心,进一步激发学习兴趣。作为一名"小画家",需要向来宾们介绍画展的信息、创作灵感、手法以及过程等,这锻炼和提升了学生们的自主探究式的学习能力,培养了学生们的综合素养。

在"缤纷美术馆·共享七彩梦"——刘海粟美术馆主题活动中,社团的团员们变成画展的"小主人",成为一个个"小画家"。学生们以青少年的视角,仔细观察生活,大胆想象创作,他们所表现的对象既天马行空,又栩栩如生,通过优美的线条、熟练的笔触、斑驳的色块,表达了内心稚嫩的世界。不但用多彩的画笔描绘了他们的天真无邪,也用生动的语言表达了自由烂漫的童年想法。

四、总结与反思

校外美术馆教学活动具有广泛性、灵活性与实践性的特点,它没有固定的教学模式。从校外教育的视角分析,结合自身美术馆教学活动实践,在总结与反思的基础上,提炼出三种较有成效的校外教育美术馆教学模式,一是具有任务驱动的学习体验,提升学生美术馆活动探究度;二是欣赏与创作相结合的活动体验,激发学生创作热情;三是角色互换的"小画家"参展体验,培养学生综合素养。尽管这些教学模式具有一定的局限性,但希望能为校外美术馆教学活动提供参考与借鉴。

美术馆教学活动应该形成系列性课程开发,而不是单次的、单一性的参观、体验与展出,这对教师的个人素养与实践研究的时间与经历要求较高,把一个美术馆中的展出作品进行深化,成为一个主题性的美术馆教学活动系列。

当代美术馆中部分珍藏的作品是长期与固定的,可以让教师与学生开展系统的学习与研究。不过,有些当代艺术展览,具有时效性,不能让学生反复进行赏析与实践体验,学生们的美术馆体验与实践活动往往停留在初次的感受上,不能深入思考与挖掘,教师在思考与设计美术馆教学活动之前需要注意与了解这一问题。

试论在校外科技活动中融入职业生涯教育的设计

——以上海未来工程师大赛为例

上海市科技艺术教育中心　张　琳

近年来,随着社会就业压力的增加,职业生涯教育越来越受到重视,职业生涯教育是有目的、有计划、有组织的以引导个体进行并落实职业生涯规划为主线的综合性教育活动。

校外教育是我国教育系统的一个重要组成部分,在人才培养,促进社会主义现代化建设中发挥了重要作用。在校外教育活动中融入职业情境设计,是对青少年进行职业生涯教育的重要路径。

以上海未来工程师大赛为例,在校外科技活动中融入职业情境设计,进而对青少年时期开展职业生涯教育进行分析与讨论。

一、青少年时期开展职业生涯教育的重要性

美国著名职业指导专家金斯伯格早在19世纪50年代就在其职业发展理论中提出,职业在个人生活中是一个连续的、长期的发展过程。

在幼儿时期,我们就会以"过家家"的形式进行职业模拟,在角色扮演中表现出自己对于部分职业的初期认知。儿童们在活动中,会根据自己的兴趣喜好对某一职业的形象认知表现出对职业的功能理解。而进入小学高年级学段后,伴随着年龄的增长,学生也会产生进一步的兴趣与认知。根据金斯伯格的职业生涯理论,个体的青少年时期是对职业产生兴趣并逐步能独立对所感兴趣的职业进行客观评估的重要时期,在这一时期进行职业生涯规划引导则显得尤为重要。

作为一名教育者,我们要关注职业生涯规划和学生的未来这两者之间的关系。

让学生提前做好对应的知识储备与职业了解,这也是我们在教育过程中进行职业规划的重要意义。

二、校外科技活动中融入职业生涯教育的原则

学校课堂教育教学活动早已不是学生获取知识技能的唯一途径。校外科技教育活动一直以来都注重发现和培养学生对科学技术的兴趣,并为社会不断输送科学与工程方面的人才,更在于帮助青少年普及科学知识、提升科学素养的同时创设情境建构感性认识。

上海未来工程师大赛是以培养未来具有科学精神的工程技术创新人才为主旨的上海地区重要科技赛事之一。大赛的各项活动设计始终主张在激发青少年对工程技术兴趣的同时学以致用。通过融合不同学科和领域的知识与技术来解决真实的工程问题。活动举办十多年来,不但受到广大师生、家长的拥护,众多的青少年更是通过活动的参与形成自己的职业目标,完成职业生涯的规划并最终走上工程技术岗位成为名副其实的工程技术方面的人才。上海未来工程师大赛的例子可以说为校外科技教育活动的设计对青少年职业生涯规划所起到的促进作用做了良好的示范。通过对活动项目的设计,我们发现大赛具有以下几个特点:

(一)项目设计方向鲜明

无论是早期的赛题设计还是基于工程技术手段革新的赛项变化,未来工程师大赛的赛项都十分注重结合技术应用进行有意识的分类。例如,早期的未来工程师大赛就曾要求以计算机图形设计平台进行工程创意设计的 CAD 设计项目;考验控制技术的铁骑神枪等项目;以任务为驱动,普及机械制造、动力传动技能掌握的仿生机器人项目;考验结构功能设计的桥梁承重等项目。早在第三届上海未来工程师大赛举办时,我国电光学专家蔡祖泉教授就曾对大赛进行评价:国家急需有真才实干的工程技术人员,"未来工程师"大赛为培养这样的人才搭建了一个非常好的平台。

伴随着未来工程师大赛规模的日益壮大,赛项设置更是从最初的 4 个项目发展到 11 个项目,并且在活动设计过程中对 11 个赛项,从工程师职业类别的角度进行针对性的分类,形成结构、建筑、机械、电子、软件、航天、工业、机电八大工程师系列,让参与的学生可以对不同工程领域有所了解,通过活动学生可以更为细致地了解工程师这一职业的多样性。

（二）职业情境真实有趣

通过情境化的职业任务设计，可以更好地在职业模拟的体验中引起学生与职业之间的共鸣。以第15届大赛"建筑工程师"项目中的创意候车亭为例，项目要求学生设计并制造一个可以让人小憩等候的公交车候车亭。这个任务给予了一个真实的建筑项目模拟环境，不单纯考验学生的动手实践能力，而需要从建筑工程师的角度思考设计，搭建过程中工程力学、美学、成本核算以及使用者需求等实质问题。学生在所创设的职业情境中，通过贴近现实需求的建筑工程师的扮演在解决具象问题的同时，也对这一职业有了新的认识，有效地打破了原有认知与真实的职业要求之间的壁垒，学生也从单纯的技能学习探索扩大到对职业功能及定位选择的关注。

三、校外科技活动中融入职业生涯教育的方法与途径

（一）设置降维挑战，加强兴趣引导

通过在活动中加强职业兴趣的引导，可以有效将校外科技活动中所涉及的具体知识与技能的教育功能与学生所感兴趣的职业进行关联，从而帮助学生认清职业倾向。因此，就要尽可能地在活动设计时加强项目与职业之间的关联，考虑到青少年在职业能力方面的不足，我们可以在活动中结合岗位职责完成降维任务的设计，并要求学生在活动中完成职业挑战，在活动的参与过程中明确自己的职业倾向，从而加强对职业兴趣的引导。

（二）引入社企视角，促进职业认知

不同的职业具有不同的技术需求，职业生涯规划的重要目的之一就是为了在职业选择时可以从自身的能力、兴趣等方面实现较好的平衡。因此，我们可以充分利用校外科技活动灵活、开放的特点，有意识地利用社企资源来加强职业认知。例如，在校外科技活动中可以设计进入企业的主题活动，邀请行业专业人员参与项目设计与评审。上海未来工程师大赛就曾在灯具创意设计项目中与飞利浦照明进行深度合作，由其派遣高级工程师为学生进行以创新为主题的辅导讲座，从行业观点出发引导学生作为产品设计工程师如何从外形设计、材质选择、功能需求上突破传统思维方式。在近几年活动中，我们进一步深化利用企业资源，在阿斯麦（中国）公司的鼎力支持下，不但通过专门设立"企业奖"鼓励在硬件和软件方面表现优秀的学

生,更邀请活跃在公司技术前沿领域的资深工程师作为志愿者,深度参与"未来工程师"们的后续培育活动。

通过诸如此类的方法,一方面,可以让学生通过与专业人员交流进行思维碰撞;另一方面,也有助于学生了解行业技术当前动态及需求,从从业者的角度产生最新最直观的职业认知。

(三)完善体系建构,注重长远发展

对职业生涯进行规划和引导不是一件一蹴而就的事。因此,我们在活动设计时要从长远发展的角度考虑活动的系统设计。完善的体系建构,可以更为精准地让学生对职业生涯进行规划思考。例如,第一步可以让学生通过活动客观地认识自我,完成初步的方向定位,选择感兴趣的活动项目;第二步通过评价机制的形成让学生通过评价反馈了解自身的不足,完成职业机会的评估;最后,通过活动的参与可以让学生明确职业的目标并且了解达成目标的有效路径。

在具体实施中,我们可以结合科技项目特点,选择匹配度较高的职业方向进行活动设计,并且在一定时期内保留这一内容类别,让参与的学生可以在周期而有规律的活动参与中对这一职业循序渐进地进行了解,在不断地认知提升与评价体验中形成较为准确的结论。与此同时,也需注意该职业甚至是行业的社会发展变化,从而使得技能储备更贴合实际需求,从而让学生可以更接近所青睐的职业需求。

青少年处于职业生涯发展的探索阶段,也是形成人生理想、价值观、社会责任意识的重要时期。校外科技教育一直以来就是青少年科普教育、科技创新人才培养的主渠道。在校外科技教育活动中融入职业生涯教育,不但可以让学生更好地了解自己、了解社会,也在无形中激发他们的学习动机,明确自己的人生目标,在其未来职业选择上拥有更广阔的视野。

嘉定区幼儿园"小淘气玩科学"活动开展情况的调查与思考

上海市嘉定区青少年活动中心　朱　琳

一、调查背景与目的

（一）背景

2006—2011年期间，上海市举办了六届"小淘气玩科学"活动，嘉定区从第二届开始连续举办了五届区赛，并确立了"小淘气玩科学"活动作为嘉定区幼儿科普教育的特色项目，一些幼儿园还把该项目列为每年科技节的常规活动。2012年起，上海市学前科普活动重心由"小淘气玩科学"活动转向了创意搭建活动。目前"小淘气玩科学"活动不再在市级和区级层面开展，但我区仍有部分幼儿园自行开展此项活动。

（二）目的

为了了解目前该活动在我区幼儿园中的开展情况，以及幼儿园教师、家长对幼儿进行科学教育的观念、做法、该活动对培养学前儿童科学素养所产生的积极作用，从而更好地激发和培养幼儿爱科学的情感和兴趣，使幼儿能够掌握初步的科学方法，积累科学经验，获得更多的动手操作和探索实践的机会，特开展此项调查。

二、调查结果与分析

（一）开展情况的调查与分析

1. 调查内容。问卷调查对象为在2007—2011年期间参加过"小淘气玩科学"区级活动的29所幼儿园的科技总辅导员，问卷从上述五年间各园参与情况、目前各园开展情况等方面进行调查，共收到有效问卷29份。

2. 调查分析。结论一:18所幼儿园曾经或现在将"小淘气玩科学"活动作为幼儿园科技节常规活动,12所在全园开展活动,9所在大班年龄段、6所在中大班年龄段和2所在中班年龄段开展活动;有12所目前仍在开展该活动;21所觉得该活动容易在幼儿园里推广,27所觉得区级层面有必要继续组织开展该活动。

结论二:调查显示,参加五届区级活动的总人数逐年递增,作为幼儿科学教育的启蒙活动,该活动非常受欢迎,从区级层面组织该活动,可以为幼儿园对幼儿进行科学教育创设有效平台,从而推动幼儿园科学教育的总体发展。

(二) 教师、家长对幼儿进行科学教育观念及做法的调查与分析

在目前仍然开展该活动的12所幼儿园中进行问卷调查,调查对象为普通教师(每所10人)和参加过活动的幼儿家长(每所10人),共收到有效问卷各120份。

1. 教师问卷调查。(1)调查内容:问卷从教师自身参加活动的情况、对幼儿进行科学启蒙教育的看法等方面进行调查。(2)调查分析:结论一:参加问卷调查的教师小班24人、中班40人、大班56人,无论是否参加过活动,越来越多的教师觉得对幼儿进行科学启蒙教育很有必要。"小淘气玩科学"的活动形式融入了艺术、人文等元素,恰好体现了"STEAM教育"的内涵。活动通过科学小实验来进行,也可以通过故事表演的形式来展现,正因为形式的多元化较之集体教学更加容易被幼儿接受,科学教育的效果也更明显。

结论二:通过问卷了解到,大多数教师并非科学教师出身,平时基本依靠上网或者翻阅科学书籍来查找相关科学知识的内容,再教授给幼儿或者组织幼儿开展科学活动。这些教师没有接受过科学学科方面的学习和培训,科学知识相对缺乏,对于某些科学现象不能作出正确的解释,对于一些科学知识的概念表述也不清楚,甚至是错误的。因此,这些教师在平时对幼儿进行科学教育、指导幼儿开展科学探究活动时会感到困难。

2. 家长问卷调查。(1)调查内容:问卷从家长知晓活动的渠道、幼儿参与活动的表现、感受和变化,以及对此项活动在幼儿科学启蒙教育方面所起作用的看法等方面进行设计。(2)调查分析:结论一:多数家长是从孩子所在班级的教师那里了解到该活动,少数家长是从网上了解到活动的相关信息。家长们都觉得从小对幼儿进行科学启蒙教育很有必要,开展此项活动对教育是有帮助的,幼儿通过参加活动,能很好培养其对科学探究的兴趣,在活动中幼儿可以感受到科技、艺术和人文元素等的交融带给他们的乐趣。

结论二:通过活动,增加了家长陪伴幼儿一起学习科学知识、探寻科学奥秘的时间,对于进一步增进亲子感情很有帮助。活动参赛组别设有亲子集体组,通过多个家庭组合参赛的形式,使幼儿的积极性和动手能力得到提高,与他人的沟通、合作能力得到更好的激发和培养,语言和肢体的表达能力得到很好的锻炼。

(三)活动在培养学前儿童科学素养方面产生作用的研究

1. 幼儿获得科学知识的途径。选取目前仍在开展"小淘气玩科学"活动的12所幼儿园大班年龄段参加过该活动的60名幼儿(每所5名)进行了访谈。通过访谈,了解到大多数幼儿都非常喜欢参加科技活动,也愿意和其他小朋友一起做科学小实验,更希望自己的父母陪同自己一起学习科学知识,进行科学探究。幼儿平时获得科学知识的主要途径有:在老师带领下或者家长陪同下参观科普类场馆、收看科普类电视节目、收听科学小故事、阅读科学绘本、听家长讲科学知识。很多幼儿园会结合主题日,组织幼儿参观农业园区、污水处理厂等,让幼儿从体验中了解一些跟日常生活有关的科学知识。

2. 活动在培养学前儿童科学素养方面产生的作用。选择一所目前仍在开展活动的幼儿园的20名来自不同班级的大班幼儿,通过开展活动"哪种形状最坚固"来观察参加过和没参加过活动的幼儿之间在科学素养方面存在的差异。我们将幼儿分成A组(10名参加过活动)和B组(10名没有参加过活动),并且将学前儿童科学素养包含的三方面内容:科学知识经验的获得、科学方法的学习、科学情感态度的培养作为观察点,设计了幼儿行为记录表,在集体活动和分组活动中对两组幼儿的行为进行观察记录,并得出如下结论:

结论一:在集体活动中,A组幼儿能够全部认真聆听教师讲话并积极举手回答问题,并提出质疑;B组有部分幼儿注意力不集中,容易开小差,只有部分幼儿参与回答问题,少数会提出质疑。在分组活动中,A组幼儿会先讨论,再分工,并把实验材料进行归类后再开始实验,会用简单的数字、图形和箭头清楚记录实验结果,实验中勇于尝试,有耐心,能够互相配合,有团队意识。B组幼儿没有分工,实验材料拿到什么就做什么,实验记录比较乱,缺乏耐心,如果实验失败容易放弃,比较重视自己的看法和想法,幼儿间缺乏合作精神和团队意识。

结论二:参加过"小淘气玩科学"活动幼儿的科学素养整体情况比没有参加过的好,幼儿在"玩"的过程中,通过观察、集体讨论等方式培养幼儿的观察、比较能力;通过触摸、摆弄等方式,培养幼儿的动手操作和做实验能力;通过引导幼儿收集信息,培养其收集、保存、展示信息的能力。

三、调查思考

"小淘气玩科学"活动体现了"六个性":

1. 启蒙性。幼儿对自然、社会的兴趣和爱科学的情感在活动中得到了有效激发,呵护了幼儿对周围世界的好奇心和探索欲望。

2. 科学性。幼儿在活动中学到了科学知识,培养了探究精神、创新意识,提高了科学素养。

3. 探究性。幼儿在活动中初步掌握了观察、实验对比、记录等科学探究方法,提高了动手操作和解决问题的能力。

4. 主体性。活动设计重点突出"以幼儿发展为本"的理念,幼儿成为活动的主角,教师与家长起到引导作用。

5. 多元性。幼儿的语言智能、视觉空间智能、音乐智能等多种智能在活动中得到有效开发,加强了幼儿的自信心,增强了幼儿对挫折的心理承受能力。

6. 互动性。幼儿在群体活动中学会了互相欣赏、交流、评价,养成了与他人协商的习惯,培养了团队合作精神,使幼儿更懂得谦让、分享和对他人的宽容,符合目前创新之需要,使教育达到事半功倍的效果。

综上所述,"小淘气玩科学"活动可以为幼儿在实际生活中学习科学知识、掌握科学方法、进行科学思维、培养科学品质创设很好的平台,因其操作简单,又可以渗透进幼儿的日常生活中,在幼儿园没有开设专门的幼儿科学教育课程的情况下,此项活动值得继续推广开展。

数独活动促思维,社团活动显素养
——关于数独课程及数独社团的思考

上海市世界外国语中学 于 骏

一、引言

数独是一种益智类的填数字游戏,它的规则很简单,要求在每行、每列、每宫都是1—9九个数字不重复,它不仅可以锻炼人的观察能力、逻辑推理能力、计算能力、理解能力等,还能锻炼人们坚韧的意志品质,张扬了碰到困难和挑战不轻易放弃的精神。我校积极引导、全方位地开展各类数独活动,为同学们提供了一系列可以施展自己能力的舞台。开设了数独拓展课、成立了数独社团、举办各类数独比赛、让学生进行各类数独讲座,这些活动的持续开展,不仅促进了学生的数学思维,在社团活动中也锻炼了学生的综合能力,凸显出学生的综合素养。学校在2019年度被评选为"全国数独教学示范校",数独社团也被评选为"区明星社团"。

二、数独的历史

数独最早可以追溯到中国的"九宫格"。数千年前,中国就发明了洛书,其特点较之现在的数独更为复杂,要求纵向、横向、斜向上的三个数字之和等于15,而非简单的九个数字不能重复,儒家典籍《易经》中的"九宫图"也源于此。1984年4月,在日本游戏杂志《字谜通讯 Nikoil》上出现了"数独"游戏,提出了"独立的数字"的概念,意思就是"这个数字必须是唯一的",并将这个游戏命名为"数独(sudoku)"。中国的数独活动可以追溯到许多报纸,例如,《新民晚报》上的数独题,它严密的逻辑性吸引许多数独爱好者的关注,对培养青少年的数学兴趣很有帮助。

三、数独教学在培养数学核心素养方面的优势

(一) 数独拓展课提升数学思维品质,凸显数学核心素养

2015年《普通高中数学课程标准》提出高中阶段数学6个核心素养:数学抽象、逻辑推理、数学建模、直观想象、数学运算、数据分析。而2011年《义务制教育阶段数学课程标准》提出初中数学的十个核心概念:数感、符号意识、空间观念、几何直观、数据分析观念、运算能力、推理能力、模型思想、应用意识、创新意识。

(二) 数独教学建立了数感,提升了观察能力

数感主要是指关于数与数量、数量关系、运算结果估计等方面的感悟。数独的解法全是由规则衍生出来的,要求学生在思考和观察时同时关注行、列、宫内的数字,很好地建立了学生的数感。在对参加数独拓展课的35位同学的《数独拓展课对能力的培养》问卷调查中,对于"通过练习标准数独,你觉得自己的哪些方面的能力得到了加强?"问题的回答,有19位同学提到了"数感""观察""速度"。在另一次对数独社团34位同学的《数独社成员数独素养调查》调查中,对于"你觉得数独哪些方面吸引你?"有30位同学提到了"锻炼观察能力",占比88.24%。

(三) 数独教学培养了逻辑推理,提升了思维能力

数独有着严密的逻辑性,每个数字都可以通过一系列的逻辑推理而得,数与数之间通过某种数独规则建立起相互关联,而这种关联性必须通过逻辑推理得到。

在调查中,对于"通过练习标准数独,你觉得自己的哪些方面的能力得到了加强?"问题的回答中,有29位同学提到了"逻辑""推理""应变"。在调查中,对于"你觉得数独哪些方面吸引你?"以及"你觉得数独对你的哪些数学素养有促进?"两个问题中,全部同学都选择了"逻辑推理的缜密"和"逻辑思维",占100%,说明数独对逻辑推理有着正相关的、极大的促进作用。

(四) 数独教学明确了运算算理,提升了运算能力

数学运算是指在明晰运算对象的基础上,依据运算法则解决数学问题的素养。杀手数独中就体现了这种运算能力,它的规则是:将1—9填入空格内,使得每个行、列、宫内都是1—9不重复,并且虚线框中的数字不同,且和为左上角的数字。

由于杀手数独中要求虚线框内数字和为左上角的数字,而考虑到在一行、或一列、或一宫中的9个数字之和为$1+2+\cdots\cdots+9=45$。因此,我们可以明确算理:对几个虚线框进行组合,将其数字和相加,对超出或不足某行(列、宫)的数与45作对比,就可以得到超出格(或不足格)的数字,这就是杀手数独中的"45法则",这就要求有较高的运算能力。

在调查中的"杀手数独的规则中,你认为最重要的是培养了自己哪一方面的数独能力?"问题中,14位同学认为杀手数独最重要的是培养自己的"计算能力",占比41.18%。考虑到是单选题的原因,如果是多项选择,"计算能力"占比将会更高,可见运算类的数独教学需要掌握运算中的算理,选择合适的运算方法,最终提升学生的运算能力。

(五)数独教学强化了数学抽象,提升了理解能力

数学抽象是指通过对数量关系与空间形式的抽象,得到数学研究对象的素养。它需要从事物的具体背景中抽象出一般规律和结构,并用数学语言予以表征。

在调查中,对于"摩天楼规则中,你认为最重要的是培养了自己哪一方面的数独能力?[单选题]"的问题,有7位同学选择了"阅读理解能力",占比20.59%,考虑到是单选题,除去"逻辑思维"和"观察能力"之外,被选择的比例是相当高的。

我校长期开展数独拓展课的教学,有着成熟的教学大纲和体系,各类数独活动,促进了学生的数学素养的全面养成,取得了很好的效果。

四、数独社团活动锻炼意志品质,促进学生全面发展

(一)在社团活动中提升个人素养,建立自信、坚毅的品质

数独社团创立于2013年,通过数独社团的活动,同学们的个人素养得到很大的提高,这里不仅仅是解数独题的水平,更多的是得到同伴认同。

数独积分赛采用积分制,因此积分也被同学们视作证明自己、展示自己的荣誉。调查中,对"数独可以让我们在获得别人和自己双重肯定的基础上建立真正的自信,你赞同以上观点吗?"问题的回答,有30人选择"赞同",占比88.24%。

其次,参加积分赛要获得高积分也需要有耐心、恒心,培养了坚韧的意志力。调查中的"你觉得数独对你的哪些能力有促进?",大家都认同参加数独比赛必须要有"锲而不舍的精神"和"不服输的精神",分别占了70.59%和64.71%。在问题"你

觉得初中参加学校数独社团对你自身素养有什么提高?"中,有33位同学选择了"让我碰到挫折时轻易不放弃",占比97.06%。

(二) 在社团活动中培养了组织能力,提高社团管理水平

数独社团设立了完善的组织架构:(1)社长、副社长;(2)研究组正(副)组长;(3)宣传组正(副)组长;(4)裁判组正(副)组长。

大家在组织架构下各司其职,认真策划、组织好每一次积分赛、学生数独讲座。此外,每学年社团与学校合作举办一次学校范围内的数独比赛,组织数独校队进行训练,参加上海市乃至全国的比赛,这些活动使学生的社团组织管理能力得到很好的锻炼。在调查的问题"你觉得初中参加学校数独社团对你自身素养有什么提高?"中,有22位同学选择了"让我更了解社团的运作与管理",占比64.71%。

(三) 在社团活动中培养了团队意识,体现强烈的志愿者精神

数独社团活动让学生的团队协作等方面的能力也得到很好的锻炼。参加社团管理首先需要强烈的志愿者服务精神。每一次积分赛出题、批改、统计积分、开设讲座、广播通知、简报张贴、公众号运行,都要花费许多时间和精力,但是同学们都无怨无悔地为之付出,这也增强了社团的凝聚力。

在调查的问题"你觉得初中参加学校数独社团对你自身素养有什么提高?"中,有28位同学选择了"团队合作的重要性",占比82.35%。

(四) 数独社团普及了数独运动,初显辐射引领作用

数独社团核心成员参加了学校数独社团的所有活动。在他们的带领和影响下,一大批喜爱数独的同学加入数独社团,使数独社成为推广和普及数独文化的平台。公众号的运行也将学校的数独活动推广到线上,其传播度更广,影响力更大,更好地发挥其辐射作用。社团还组织校队成员参加各类数独比赛。例如,上海交大智力运动会、全国青少年数独锦标赛等,都取得很好的成绩。

学校的数独社团和活动的开展,使学生锻炼了坚韧的意志品质,碰到困难不轻易放弃的决心,建立了良好的人际关系,树立了强大的自信心,同时也能提升团队协作力和社团组织管理能力。

新形势下校外教育学生民族乐团发展模式研究

——以奉贤区学生艺术团民族乐团为例

上海市奉贤区青少年活动中心　苏　斌

民族器乐作为中国传统民族文化是实施美育教育和民族文化教育的主要渠道，也是弘扬和培育民族精神的重要载体。习近平总书记在全国教育大会上强调，新形势下"坚持把立德树人作为根本任务，要全面加强和改进学校美育，坚持以美育人、以文化人，提高学生审美和人文素养"。在美育教育当中，民族器乐的教育是很重要的一环。学习民族器乐不仅可以让学生学习到民乐基础知识，掌握演奏技能，还能激发学生弘扬和继承优秀民族文化的志向，培养学生对民族音乐的热情，促进学生全面发展。

奉贤区学生艺术团民族乐团成立于2013年，下设民族乐团、打击乐分团，现有团员近70人。乐团的发展不同于单一项目的发展，不仅需要专业素质高、教学水平高的师资团队，更需要完善科学的发展模式保障才能助力乐团的成长。

本文以"优质的师资配备""立体化的发展模式""探索中的民乐'云教学'"三部分进行论述，深入的剖析乐团的发展之路，探讨在新形势下校外教育学生民族乐团的发展模式。

一、优质的师资配备

外聘专家、中心师资及高校、市级专家资源。

我区地处远郊，民乐专业师资匮乏，中心采取"引进来"的方式，不断与上海民族乐团专家深入合作。从师资配备来看，9位教师有8位来自专业音乐学院（上海、武汉），保障乐团教学的专业性；乐团主要负责笙与琵琶2位教师均毕业于上海音乐学院，具有优秀的专业演奏和教学能力，获得过各类市级教学比赛奖项。

两位教师依托自身的专业背景,与其在全国范围内影响巨大且专业造诣很高的笙教授、琵琶教授不断合作求教,为我区引入更加优质的教师资源及教学经验。通过两周一次的上海市民乐中心教研组的教研活动,与市级民乐专家、行家里手建立联系,提升我区民乐教师的教学水准。

二、立体化的发展模式

(一)"全方位"管理制度

1. 乐团年度考核制度

年度考核对"吹、拉、弹、打"四大声部,预备团员,各声部梯队及有意愿考团的学生进行综合测试。考核内容设置规定曲目、线谱视奏、乐队困难片段三项内容,按 40%、20%、40% 的分值比例综合考查团员演奏能力。现场邀请分管领导、专家团队做评委,对各声部的教学情况做阶段性的展示和总结,发现问题及时沟通,为下一阶段教学工作计划的制订提出指导性建议。

2. 专家团队年度工作会议制度

定期召开中心领导、专家团队、中心专业教师研讨会,研讨各声部内存在的问题。如教学计划、学习情况、梯队建设等,逐一研讨,制订科学而行之有效的教学计划,为乐团的健康发展建言献策。

3. 年度家长会制度

定期召开年度家长会,加强与家长沟通,树立正确的民族器乐教学规律和学生发展规律,助力团员的专业技能和身心健康成长。

4. 公平、公正的评优制度

每年结合年度考核成绩,排练考勤及课堂表现,按一定比例评选乐团首席、副首席,各声部正、副声部长及年度优秀团员等荣誉,由教育局统一认证记入学生成绩档案,优中选优,激发学生学习积极性。

"全方位"的管理制度保障了器乐教育基础、整合了师资团队资源、优化了乐团发展的机制。今后在管理制度方面还将不断探索和完善,酝酿设立乐团家委会、民乐作品曲目库等。

(二)"金字塔"教学模式

多层培养,夯实基础。在基础培养阶段,对笙、琵琶等中心有师资的专业,采取"自主培养"模式,通过中心微信公众号、教育局微信公众号面向社会进行发动,教务处统一组织面试,进行零基础培养,学制两年。对大提琴、笛子、打击乐等专业采取"专家指导+单位管理"的模式,聘请专家团队授课,中心配备班主任管理,视情况进行招生,采取选拔制度,挑选优质的生源进行试训。对唢呐这类冷门专业,采取"基层专项选拔、外聘零基础培养"的模式,并进行阶段性考核;所有基础阶段学员根据学习情况参加乐团年度考核进行分流,考核优秀者可升入乐团提高班继续学习。

器乐基础阶段的培养如同金字塔的底座,需要打好扎实的专业基础,更需要有各专业大量的生源不断输入做支撑。在中心教师不断努力发展的基础上,考虑各专业的均衡发展,中心领导不断与基层学校领导积极合作,鼓励并扶持开展民乐项目,优先发展所缺专业,帮助配备优秀的民乐师资,建立区域内民乐联盟。现区级民乐联盟学校共12家,小学4所,初中(含九年一贯制)9所,高中3所,夯实基础、均衡布局。

分声部提高,提升技艺:进入提高班的学员,专家团队对专业技能提出更高要求,加入线谱教学、合奏训练,与正式团员进行分声部排练融合,逐渐适应乐团排练节奏,提升独奏、线谱视奏、合奏等综合能力,为正式入团作准备。

乐队合奏,升华技艺:乐队合奏是团员演奏能力最大的挑战,不仅要独奏演奏技能娴熟,更要线谱视奏、合奏等综合能力。聘请专业指挥每周进行乐队训练,精心挑选适合学生身心发展且饱含民族特色的曲目如《丝绸之路》《春节序曲》等。通过年度汇报,专场音乐会,各类市级、区级的展演,不断地提升团员舞台表现力和艺术修养。

"金字塔"教学模式,在教学内容设置上的环环相扣,把握器乐教学规律、注重学生身心发展。横向上"全方位"管理制度与纵向上"金字塔"教学模式紧密结合,助力乐团的成长。

三、探索中的民乐"云教学"

《上海市教育改革和发展"十三五"规划》要求,2020年上海将率先实现教育现代化。民族器乐教育也在不断的探索中发展,在2020开年的特殊时期,"云享民乐"课堂、网上教学也加入了乐团的教学工作中。微课《民族管弦乐中的吹、拉、弹、打》为团员普及民族管弦乐队的知识;微信回课响应"停课不停学"的号召为监督团员宅家练习；AgoraVideoCall 进行一对一、一对多的高清视频教学，查漏补缺；共享上海艺术云学堂优质民乐在线教学资源，聆听现阶段乐团排练作品，提升民乐艺术审美。今后将不断地探索和创新民族器乐教育方式。

四、研究小结

近年来，奉贤区学生民族乐团在中心的"四院一团一部"的总体架构下不断地转型发展。乐团的发展可谓是筚路蓝缕，中心民乐骨干教师攻坚克难、不忘初心，克服远郊地区民乐师资匮乏、教学水平参差不齐等问题，从 2013 年建团至今，专业素质飞速提升，建立了一个编制较齐全的民族管弦乐团，多次在重大活动中崭露头角，2015 年、2017 年在上海音乐厅、奉贤中学举办专场音乐会。获第十三届、第十五届"长三角"民族乐团展演优秀演奏奖，入选上海市民乐联盟单位，打击乐分团荣获 2017 年 IPEA 上海赛区金奖。乐团的发展得到了市里、区里民乐专家及同行的高度赞扬，成为上海远郊地区学生民族乐团的一股强有力的新生力量。

通过对奉贤区学生民族乐团的发展模式的探索总结，为学生民族乐团的可持续发展模式提供一些宝贵经验，为上海市远郊同类型的校外教育机构民族器乐教育的良性发展提供个案参考。在新形势下不断地探索创新，始终把"立德树人"的指导思想与社会主义核心价值观渗透到民族器乐教育的全过程中，为民族器乐和民族文化的传承与发展贡献基层的力量。

基于 Scratch 的小学生
程序设计教学模式初探

中国福利会少年宫　曹晓靓

Scratch 是一种程序设计语言,可用于制作游戏、艺术、故事、动画、工具和交互作品,使低龄儿童快速了解编程概念,趣味性强,深受儿童喜爱。编程教育具有很强的动手操作性,Scratch 为学生计算思维的培养提供了良好的载体,同时融合了创意设计,能够更好地激发其创造力。

一、Scratch 教学的发展背景

近几年,少儿编程教育的浪潮席卷全球。2013 年,美国开始发起"编程一小时"活动,开幕式上,时任总统奥巴马呼吁全世界所有人都应该学习编程。2017 年,我国国务院印发的《新一代人工智能发展规划》明确提出应逐步在中小学推广编程教育。Scratch 的图形化编程语言重启了青少年编程教学的复兴之路,使低龄学生不用被命令、格式等问题所困扰,拥有更多的时间和精力去关注算法和建构流程,从而能够更加有效地提高程序设计的学习效率。

有研究者曾提出,国内 Scratch 教材大都偏重对编程实现的技术剖析,而对编程教学如何与创造性思考、系统推理和协同工作相结合缺乏整体性思考。如何在 Scratch 教学中不止于技术层面的提高,而是更深入挖掘学生的创意表达、培养计算思维,成为实践教学中特别关注的问题。

二、基于 Scratch 的游戏化教学模式设计

(一) 教学对象分析

教学对象为小学 2—5 年级学生,此年龄段的学习者思维抽象、好奇心重、爱

动手操作,但缺乏自主思考能力,计算机操作能力一般。在实践中,发现这些学生普遍爱玩网络小游戏,总是"无师自通"。因此,采用游戏化教学符合其年龄特征,易于激发他们学习编程的兴趣和热情。游戏化教学是以教学为目的,教师通过科学设计或选择游戏,并将它与教学过程整合,使学生在活泼愉快、兴趣盎然的情绪中开展游戏学习的一种教学活动类型。在他们非常感兴趣的游戏领域,以"玩中学"的愉快氛围,激发他们丰富的想象力,培养其学习专注力。

(二)教学模式设计

基于对教学经验的总结,结合 Scratch 和游戏化教学的特点,构建包括提出任务、分析任务、脚本编写、角色准备、程序设计、提出问题、反思调试、分享展示等八个步骤在内的教学模式。首先,教师引出教学任务,学生通过观察示范作品了解任务详情,师生共同参与任务分析,教师提示需要注意的环节,引导学生积极思考,为知识点的引入做好准备。其次,学生采用思维导图的方式,进行游戏脚本的编写,帮助学生清晰地梳理各角色之间的关系和整体流程。在完成角色制作和舞台设计的基础上,学生自主探究尝试程序搭建,教师在预设的问题上引出本节课的学习重难点。学生通过不断的测试和反思来调整程序框架和结构。最后,通过分享和展示环节,促进学生间的学习交流和信息共享。该教学模式将计算思维的三维框架融入其中,以期通过 Scratch 游戏化教学达到对学生计算思维和创意设计思维的培养。

(三)课程整体架构

就小学阶段而言,将整个课程归纳为三个梯度。第一梯度的学习对象为编程零基础,注重模仿体验,教学内容多以模块化学习为主,意在打牢根基。"脚本编写"环节要求学员有一定的学习基础和认知水平,所以该环节在此可以省去。第二梯度的教学内容多是范例研习,此阶段学习者已经了解程序的基本概念,熟练使用 Scratch 软件,具备编写简单小程序的能力,实践操作能力强,但独立思考水平有限,利用思维导图能够引导学生有意识地加强算法学习。第三梯度则是成熟期,技术层面的问题基本解决,在"提出任务"环节,教师可以只提供主题,鼓励学员结合硬件创作出个性化的交互作品,加强对学生创意设计思维的培养。上述教学模式即是针对第二梯度学习者展开,其他两梯度要做出适当调整。

三、教学案例剖析

通过对"走迷宫游戏 3.0"案例的分析,阐述上述教学模式的实际应用。任务描述:编写程序,学会使用变量让小猫"阿凡达"吃到三个水果才能成功闯关。

(一)第一步:提出任务

引导学生回顾前课,演示 3.0 版本游戏并进行提问:今天要完成的 3.0 版本,除了设置背景音乐、角色造型切换这些提升生动性的效果,还发生了哪些变化呢?

(二)第二步:分析任务

任务一:实现 Scratch 猫吃到两个水果才能直接到终点:方法 1:用已学过的"与运算"的知识点是否可以解决以上问题呢? 方法 2:尝试用数学知识完成以上任务吧! 方法 3:学习过变量的知识后,是否能使用变量的方法完成上述任务呢?
任务二:运用变量实现 Scratch 猫吃到三个水果才能直接到终点
拓展任务:尝试运用变量为你的游戏添加生命值吧!

(三)第三步:脚本编写

通过思维导图的方式编写脚本,梳理每个角色之间的结构关系和事件关系。

(四)第四步:角色准备

在此案例中,基于对角色的全面分析,需要在 2.0 游戏的基础上新添加三个水果角色。

(五)第五步:程序设计

按照思维导图的角色关系和流程,选择对应的程序模块进行组合和构建。

(六)第六步:提出问题

1.变量值=被吃水果的个数? 2.变量初值如何设置? 3.循环体中变量是怎么变化的? 4.条件语句中的判断应该是什么?学生在完成角色创造和舞台设计的基础

上进行自主探究,尝试脚本搭建,教师在预设的问题上引出本节课的学习重、难点并详细讲授。以生活中通俗易懂的"抽屉""篮子装苹果"为例,讲解变量的概念和作用,演示如何创建、修改、读取变量。

(七)第七步：反思调试

测试过程中发现点击绿旗时,变量并没有恢复到数值0,而是接着上一次测试后的数据增加。所以,应该在程序开始前为变量设定一个初始值。在完成教师布置的程序基础上,鼓励学生加入自己的想法进行再创作,或通过小组头脑风暴的形式,交流想法,促进学生创意思维火花的迸发。

(八)第八步：展示分享

"自由分享",在时间充足的情况下,设定10分钟组内"互玩游戏"环节,学生在玩游戏的大party中,互相分享、演示其作品。"择优展示",学生分享自己遇到的困难和解决方法,不仅能够相互学习优秀作品的创新点和程序建构模式,还能加深自身对程序知识的理解。

四、教学反思

在本案例中,由于认知能力有限,缺乏丰富的生活经验,在教学初期没有教师引导的情况下,学员接到任务后或无从下手,或天马行空。经过实践反思,在"分析任务"环节中加入了任务单,有意识地引导学生积极思考、举一反三、知识迁移。

回顾整个课程,仍存在一些问题和不足：第一,两极分化现象明显。校外教育中普遍存在学员年龄差异化的问题,加之学习者的学习能力不同,就会出现好的学生"喂不饱",根基不牢的学生"吃不下"。针对此现象,由浅入深设置不同层次的教学任务来满足不同的学习需求,制订班级"小老师体验团"为"吃不下"的学生指定小老师,取得了不错的教学效果。第二,宽松活泼的教学氛围,加之小学生的自我约束力不足,在"反思调试"和"分享展示"环节中经常出现偏离学习主题的行为,所以制订了班级积分奖惩制度来约束和鼓励学员。第三,创造性能力的发展成效缺少数据支撑。兼顾计算思维和创造性表达是本课程的目标之一,创造性能力的发展成效并不是一朝一夕可见,也将继续探索和反思。

图书在版编目(CIP)数据

实践与创新. 六,上海市校外课外教育探索成果集 / 上海市中小学幼儿教师奖励基金会,上海市校外教育协会,上海市科技艺术教育中心编. — 上海:上海社会科学院出版社,2021

ISBN 978-7-5520-3496-7

Ⅰ.①实… Ⅱ.①上…②上…③上… Ⅲ.①校外教育—上海—文集 Ⅳ.①G779.2-53

中国版本图书馆 CIP 数据核字(2021)第 024377 号

实践与创新(六)——上海市校外课外教育探索成果集

编　　者:上海市中小学幼儿教师奖励基金会　上海市校外教育协会
　　　　　上海市科技艺术教育中心
责任编辑:周　萌
封面设计:梁业礼
出版发行:上海社会科学院出版社
　　　　　上海顺昌路 622 号　邮编 200025
　　　　　电话总机 021-63315947　销售热线 021-53063735
　　　　　http://www.sassp.cn　E-mail:sassp@sassp.cn
照　　排:南京理工出版信息技术有限公司
印　　刷:上海文艺大一印刷有限公司
开　　本:710 毫米×1010 毫米　1/16
印　　张:10.75
插　　页:1
字　　数:184 千字
版　　次:2021 年 3 月第 1 版　2021 年 3 月第 1 次印刷

ISBN 978-7-5520-3496-7/G·1055　　　　　　　　定价:50.00 元

版权所有　翻印必究